户外领导力

[美] 约翰·格雷厄姆 著
王云龙 田 庄 张艳杰 译

重庆出版集团 重庆出版社

图书在版编目（CIP）数据

户外领导力 /（美）约翰·格雷厄姆著；王云龙，田庄，张艳杰译 . — 重庆：重庆出版社，2018.3
ISBN 978-7-229-13129-6

Ⅰ . ①户… Ⅱ . ①约… ②王… ③田… ④张… Ⅲ . ①体育锻炼②领导学 Ⅳ . ① G806 ② C933

中国版本图书馆 CIP 数据核字 (2018) 第 073632 号

户外领导力
HUWAI LINGDAO LI

[美] 约翰·格雷厄姆　著
王云龙　田　庄　张艳杰　译

责任编辑：袁婷婷
责任校对：李小君
策　　划：王晓牧

重庆出版集团
重庆出版社　出版

重庆市南岸区南滨路 162 号 1 幢　邮政编码：400061　http://www.cqph.com
重庆升光电力印务有限公司印刷
重庆出版集团图书发行有限公司发行
E-MAIL:fxchu@cqph.com　邮购电话：023-61520646
全国新华书店经销

开本：787mm ×1092mm　1/16　印张：15.625
2018 年 12 月第 1 版　2018 年 12 月第 1 次印刷
ISBN 978-7-229-13129-6
定价：39.80 元

如有印装质量问题，请向本集团图书发行有限公司调换：023-61520678

版权所有　侵权必究

目录

推荐序（一）·································· 1

推荐序（二）·································· 4

译者序 ·· 6

前　言 ·· 1

第一章　什么是领导力？······················ 4

第二章　领队态度 ···························· 11

第三章　提前准备 ···························· 22

第四章　领队风格 ···························· 36

第五章　女性领导力 ·························· 46

第六章　制定最佳决策……………………　61

第七章　关怀领导力………………………　79

第八章　领队责任…………………………　95

第九章　有效沟通…………………………　107

第十章　勇气………………………………　121

第十一章　团队建设——愿景领导力………　140

第十二章　化解冲突………………………　162

第十三章　压力的应对……………………　182

第十四章　组织领导力……………………　198

第十五章　政治领导力……………………　212

后续：不断超越……………………………　236

推荐序（一）

登山作为一项深受群众喜爱的运动，其魅力与风险同在，美景的背后也许是深不见底的悬崖，白雪皑皑的山中或许暗藏着无数的冰裂缝，如果不具备相应的登山知识和技能，以及丰富的经验，那么在登山过程中，其风险将会成倍增加。

在我漫长的登山生涯中，也遇到过许多大大小小的意外情况，其中最让我难忘的就是1993年参加海峡两岸联合攀登珠峰的行动。在这次国家任务中，我的任务是确保台湾同胞成功登顶，当时的登山装备远不如现在先进，整个登顶过程都十分艰难，下撤时发生的惊险一幕，至今仍让我记忆犹新。我清楚记得那是1993年5月5日的13点40分，我和队友护送台湾同胞登顶后，开始下撤。当时由于极端的环境，我的右眼几乎失明，对行走造成极大阻碍，祸不单行，由于极度的疲劳和顶峰猛烈高空风的冲击，我的氧气瓶意外滚落山下。由于缺氧体力极度衰竭，几位队友离我也越来越远……在我到达"第二台阶"的陡壁时，挂上下降器后，我一再提醒自己，慢一些，慢一些，一定要沉着冷静。

但是下到金属梯一半的时候，右脚突然踩空，一个倒栽葱向山下扎去。这一瞬间，最严重的意外发生了，因为人在这种情况下就是在海拔低的地方翻身也十分艰难，更别说在海拔 8700 米的高处了，我只能在绝望中"垂死挣扎"，用尽全身的力气踢甩。我最终幸运地死里逃生并安全返回，但也付出了巨大的代价——截去了我右脚严重冻伤的三个脚趾。

回顾以前登山生涯中所遇到的各种意外情况，能够有惊无险地化解，除了幸运外，更离不开平时登山技术的磨炼，以及登山经验的积累，这些宝贵经验就是我们常谈的户外领导力。领导力中涉及的动机态度、行前准备、判断决策、有效沟通、勇气、困境处理等内容在复杂的登山活动中，都获得了最好的呈现。以前这些经验在国内尚未形成系统化理论，需要自己用经验教训去体会和总结，本书中文版的问世，对于当下的登山户外爱好者来说，是十分幸福的一件事。

这些年来，随着经济水平的提高，以及全球化的趋势，户外运动在中国正在蓬勃发展。据中国登山协会专业调研小组进行统计调查的结果，目前我国已经拥有近 1.5 亿人次登山户外人口，并仍然在快速增长。国家登山步道建设、国际户外赛事举办、攀岩入奥、户外营地规划、商业登山的普及等众多登山户外领域的大事件，势必让更多人群参与到这一运动中。中国登山协会奉行"服务、引导、规范"的工作原则带领大众"科学、安全、环保、文明"的参与登山户外运动。为了更好的开展普及规范工作，我们陆续编写了一系列运动标准和专业教材，2013 年启动的"全国户外安全教育计划"这一公益性活动更是将正确的户外理念有效传播给了广大户外爱好者。从专业队伍到民间大众，我们不遗余力地推行最新的户外理念和知识，从而保障这一运动在国内的健康开展。

领队作为知识的传递者、活动的组织者和领导者，是一个登山队伍中的核心。但随着时代的发展，领队的技能也在不断更新。这本由三位译者共同翻译的《户外领导力》就可以很好地对大家在培训中学习的知识进行更新和补充，对大家在登山中遇到的棘手问题给出解决方案。希望大家通过阅读，可以在今后的带队中有所受益。

王勇峰

2018 年元旦

推荐序（二）

《户外领导力》这本书终于和读者见面了。

自 2004 年全国第二期户外指导员培训首次借鉴了《户外领导力》这本书中的内容和框架，成为中国登山协会户外领队课程的基础，再融合其他户外领导力资料之后，一直延续到至今的户外培训中，可以说在某种程度上这本书奠定了我国户外领队培训的基础。反过头来看，《户外领导力》这本书之所以能够成为国际户外培训与教育的经典，原因在于其风格非常接地气，深入浅出，作者不是简单地解析理论，而是用平实的语言归纳出道理。《户外领导力》内容上提供了作为领队实用的技能、态度和丰实的资源，包含了领导力各个方面的内容，精心计划、磨炼技术、艰难决策、冲突管理，还有塑造个人风格、有效沟通、团队塑造、压力管理、鼓舞他人等方面，佐以大量的案例，对户外领队在实践中经常遇到的问题给出了有价值的解决方案，适合于各类户外领队和户外专业的学生作为教科书和参考书。

《户外领导力》的译本是一线户外培训教师经过多年户外领

队培训教学的领悟和实践，精心完成的作品。译者在翻译过程中，始终坚持忠实原文的原则，对书中的内容一字一句地斟酌，征求专家们的意见，保持了书中的原文思想。语言风格和语言流畅性是翻译工作最大的挑战，不仅内容上要忠实于原文的思想，译文的风格和流畅性也须与原文相一致，以传递给读者。向三位译者所付出的极大努力表示诚挚的敬意！

最后希望这本书能够给广大读者带来有价值的阅读体验。

马欣祥

2018 年 1 月 5 日于北京

译者序

2005 年的一次培训班，我作为教练在带领学员们做高空下降的练习时与一名学员发生了争吵，他当即决定退学，后来在其他同学的劝说下才又坚持学完整个培训课程。大家可想而知，随后的几天对他对我都是很难熬的……这个事件对我产生了很大影响，我百思不得其解，我难道不适合做一名教练吗？他为什么就不能配合我呢？只有争吵才是唯一的解决途径吗？直到马欣祥博士第二年推荐了《户外领导力》（Outdoor Leadership）这本书给我，困扰我的这些问题终于云开雾散！

这本书是美国很多大学相关专业的教材，全书虽没有一张图片，但文字读起来并不枯燥，反而作者用朴实的语言和精练的概括向我们阐释了领导力在户外活动中的魅力。一次登山活动的成败取决于很多因素，比如天气、技术、战术等，但领导力的影响因素同样至关重要，且很多时候是起决定性作用的。领导力不是一个具体工具，也不是一种天赋，而是解决问题的综合能力，是任何人都可以习得并加以运用的。在登山以及户外活动时，环境复杂多变、每个人的能力也不相同，领队在做判断与决策时需要评估大量信息，需要处理好团队成员之间的关系，需要提前预判并做好预案，否则，活动质量不仅会打折扣，而且还关乎到安全问题。

本书作者约翰·格雷厄姆专注于户外领导力的研究，在外交、教学、公益等多个领域都做出了杰出的贡献。全书共分十五章节，从做一名户外领队需要的态度、风格讲到如何决策和沟通，从领队责任讲到组织管理，从关怀关心讲到压力的应对，无一不是户外领队过程中常碰到的问题和难题。除去内容翔实，本书的编写风格也很具特色，每一章节提出的观点和概念都辅以登山领域里不同专家的点评和分享作为佐证，最值得一提的是每一章节文末的"学着去带队"专栏，将这一章里的重点内容逐一列出条目，可供读者快速查阅学习。本书由我（负责前言、第一、五、十四章及后续部分的翻译）和我的同事田庄（负责第二、三、四、六、八、九章的翻译）以及大陆第一位美国国家户外领导力学校（NOLS）户外教练张艳杰（负责第七、十、十一、十二、十三、十五章的翻译）共同翻译完成，我们都对本书有着浓厚的兴趣，在翻译过程中我们也有过很多思想的碰撞，也是一个再学习的过程，被作者深邃的洞见深深地打动着。

这本蓝皮小宝典陪我度过了 12 载，无论在登山、培训还是生活中，我都经常拿出来翻看，最大的收获就是我可以看到自己的领导力也在一点点成长。最后，再次感谢马博士让我有了阅读它的机会，感谢田庄和艳杰两位同伴对本书的认同和辛勤的翻译工作，感谢木头为本书的出版做出的努力，由于水平有限，翻译难免有疏漏，不当之处欢迎广大读者指正。

在原著出版 20 年之际，以此中文译本向作者致敬！同时也将本书献给广大山友，愿你们的户外生活更精彩！

王云龙

2017 年 12 月于北京

前　言

我第一次当领队的经历并不成功。那是在刚刚被选派去领导一个童子军（Boy Scout Troop 99）的巡查队时，在雷尼尔山附近的途中，我处理我面对的第一个冲突的方式是暴揍了菲尔亚当斯，并造成了几乎所有人在内的一场混战。因为这件事情，我被停了职。

但我也在不断进步，从带家人周末去旅行到麦金利北壁的首登，持续四十年的户外探险经历让我的领队经验不断提升。

但也不全在山上，作为一名外交官，我身处利比亚的革命中，然后又带领一支军民联军深入越南战争的核心区。在卡特政府时期，我在联合国率领一批年轻的外交官针对第三世界的热点问题做了许多开创性的工作，这其中就包括促使南非结束了种族隔离制度以及和卡斯特罗领导的古巴展开对话。

自1982年，我一直担任长颈鹿项目这个推动人们从事公益的非盈利组织的执行总监。这个项目作为美国英雄们的新闻代理，发现那些在社区中或更远的地方用勇气和同情付诸行动去解决问题的人们，然后向国家和地方的媒体以及学校讲述他们的故事。当其他人听到或看到这些英雄们的故事后也会受到鼓舞和感染。

该项目目前已经授予了850位英雄殊荣。他们中的大多数人已经开创并带领相关组织开展他们的工作。

从秘鲁的山区到联合国再到社区，我所到的任何地方都被这些人感动着。我所看到的这些领导者，包括我自己在内，有成功也有失败。但问题是：区别在哪里？从背包旅行到国际冲突，怎样才能用更好的领导力去挽救局面甚至是生命？

八十年代初，我开始把我在领导力和处理冲突方面的一些想法以演讲和工作坊的形式带到长颈鹿项目中去，并陆续对各种会议、政府、企业、工会、大学以及政治和社会组织发表。在国际人权组织的资助下，我把这些想法在世界各地加以实践，如解决在南非和柬埔寨的冲突。

当我1985年回到华盛顿时，我尽可能每个周末都与埃弗雷特的登山者一起登山，帮助他们讲授这些课程和带队。1993年，登山者组织关注到一些俱乐部活动中出现的事故和冲突事件，请我为他们专门设计一个户外领导力的课程，我毫不犹豫地就答应了。我所掌握的领导力方面的知识大部分都来自于我自身在登山中的经历，这个课程使我又重温了这些。

在过去的三年里，我一直在埃弗雷特和西雅图开展着这些课程，专注于在户外活动中的领导力涉及的情境和问题。

这本书是从登山课程中研发出来的材料，没有空洞的理论，许多故事都是我自身的经历，不管是什么原因，这一系列有关探险、意外、惊险和危机的故事为学习领导力提供了非常好的素材。

你会很快发现这本书的一大主题就是好的领导力要远远超过那些传统的硬技能，如计划、磨炼技术、做艰难的决定和处理冲突。所有这些因素都是至关重要的，但还远远不够。

依我的经验，要扭转局面多数情况靠的是领队的软技能，如建立信任，真诚沟通，平衡理智与直觉，鼓舞你的队员。开发和使用这些技能对你的精神和智慧都是一种考验，同时对营造队伍之间的积极关系也是一个挑战。

硬技能和软技能在本书中用了同样的篇幅，与其把这些内容都拆开，倒不如都揉在一起。因为据我的经验，智慧和直觉，头脑和心灵本身在现实生活中就相辅相成、环环相扣。

本书中的思想一直在我的头脑中不断演变着，并且我还在不断学习中。每次我与其他领队出行时，都会学到一些新的和有用的东西，我想对于你也一样。以本书为基础，你可以获取更多的机会去拓宽你的领域。把你从这里发现的一些思想转变为你所需，再把它们用你自己的方式加以提炼并尝试，不仅可以用于户外领队方面，而且还可以用在你的生活上。

第一章　什么是领导力？

领导力不是从一本书或一门课程中就能掌握的一个学科，而是需要不断的时间积累才能掌握的一门艺术。好的领导有时会告诉人们应该做什么，但领导力绝不仅仅是指明方向——更多的是告诉人们用最好的方式做最需要做的事情。

像很多登山者一样，我也是个装备控。我花费500美金买睡袋，我把玩最新的技术装备，我试穿登山鞋和风衣。但新的电子产品最吸引我，尤其是戴在手上的海拔表，对讲机等等。和所有的高科技装备比起来，这么多年我最梦寐以求的当属雪崩探测仪。

如你所知，雪崩探测仪是一个小小的射频传输器。当在发射模式时，会发出稳定的"哔哔声"，如果换到接收模式，当遇到发射信号时同样会发出"哔哔声"。信号的强度取决于发射和接收这两个探测仪之间的距离。带着这个进行野外登山或者滑雪，如果遇到雪崩被埋雪下1.6米左右，这个小东西可以有效帮助救援人员找到这些登山者和滑雪者。由于我经常到美国最危险的雪崩区之一——华盛顿的喀斯喀特山脉（Cascade Range）去，加上现在已经变老了，最终我还是为自己挑了一个雪崩探测仪。

使用雪崩探测仪需要一些培训和实践练习，所以我参加了一个为期两天的课程，在靠近加拿大边境的贝克山（Mount Baker）的山坡上举行。在前一天半，班里的八个同学一起练习寻找被埋在雪里的麻袋。我们把自己的信号调到接收模式，反复搜寻着被埋袋子发出的信号。我们的进步很快，以至于最后可以在三分钟或者更短时间内迅速找到并挖出被埋的袋子——这甚至比圣伯纳德犬做得还好！

随后我们迎来了毕业测试。这是我们两天里的第一次，我们中的八个人被分为一个团队。教官也给了一些团队救援的指令，如指定一个人负责观察新的流雪。我们中的一员，泰勒马克（Telemark）滑雪者汤姆被任命为领队。汤姆并没有对作为救援队长该做什么做出明确说明。但他点点头，自信地离我们而去，向测试的起始点附近一个斜坡上走去。

果不其然，我们刚到那里就发现一个惊慌失措的滑雪者向我们尖叫着跑来，他的伙伴刚刚被埋到了一个巨大的雪崩下。我们都把包卸下来，仔细听着对讲机，准备打破寻找被埋袋子的纪录。现在大家都全副武装，我们已经在坡上列好队，就像在寻找复活节彩蛋的孩子。

汤姆根本不知道如何应对这混乱的局面，只能谨小慎微地做些努力，但也是徒劳。由于我们六个人都前往山坡上发出"哔哔声"最响的一侧，使得我们很晚才到达另一侧的小山谷，那里还埋着一个小的袋子，但它

5

已经"死去了"。因此我们被扣了很多分，因为没有人记得面对问题如何整体把控。

那天晚上从山上开车回家的时候，我有足够的时间去思考这糟糕的测试。这绝不仅仅是测试没通过的问题，在真正的危机情况下，由于我们糟糕的组织协调能力，收获远比这些失温的袋子多得多。

造成失败的原因并不是专业技术知识，而是领导力。汤姆已经做得很好了，但像大多数人一样，他会集中时间和精力在学习专业技术方面，而忽略了领导力的训练。突然被任命为领队，他也很茫然，不知道自己想要什么。我们剩余的人也没有作为队员很好地支持帮助他。在开始前我们是有时间一起来商讨并贡献每个人的智慧的。这个培训课程除了领导力什么都没有教给汤姆，他现在应该知道接下来怎么做了。

在我参加的所有培训中这个是最好的一个。在我 40 多年和登山以及登山者打的交道中，这个课程同样是一个非常典型的户外课程。

这并不是说户外的一些机构和人们不知道领导力的重要性，对于一次户外活动的成功与否这恰恰是一个决定性因素。我们都有过因领导力致使最终结果是好是坏的经验。没有经过这方面训练的领队可以使户外活动出现很多状况——一个不好的计划可以导致帐篷整个湿掉；由于草率的决策和沟通不畅，可以让一些小问题逐渐演变成大事故；由于没人有能力妥善处理冲突，最终导致谈判的失败；部分队员在途中停留，领导力甚至决定着大家的生死；如果大多数户外机构都可以花费几小时或几天甚至几年的时间来训练技术能力，那么领导力也可以被大家用某种方式掌握。

当然，有些人确实有着自己的领导能力，并有足够的机会来尝试和出错，他们做得很好，但大多数人并不是这样。特别是在户外环境下，不好的领导力可以导致灾难性的后果，不要指望没经过专门训练，胜任的领队就可以随时出现在需要的紧急关头。

但究竟什么是领导力呢？没有任何两个人可以给出同一个答案。

给领导力下定义，一个好的方法是从人们对领队的期望开始。下面的清单是从对数百名登山者的问卷中得出的结论，大家也可以随意添加。

人们期望的好领队是：

- 好的计划组织能力；
- 自信；
- 具备较强的技术能力，这包括户外急救，识图并确定路线，识别天气等；
- 对他人的关照；
- 好的判断决策力；
- 值得信赖；
- 良好的沟通能力；
- 鼓舞别人做到最好；
- 建立和保持士气；
- 做一个好老师和教练；
- 有能力处理"问题队员"和冲突；
- 有能力建设并领导团队；
- 预见问题并主动解决它们。

这些期望值给了定义的一些方向，但还有很多。领导力不是通过一本书或一个课程就可以掌握的，是需要大量时间学习才能掌握的一门艺术。它不是简单的建立规则和遵循规则，而是一种建立关系的能力。它不仅仅是技术和技巧，而是一种主观的个性和风格的融合。领导力不仅包括身体和思想，而且涉及精神和性格：好的领队是要有直觉、同情心、常识，并且勇于担当。

好的领队有时会告诉队员做什么，但领导力绝不仅仅是指明方向——而是引导队员如何用最好的方式做最需要的事情。好的领队并不用他的职位来发号施令，他们依靠的是建立的信任。他们不要求队员要表现得多出色，而是一直鼓舞他们。

综上所述，我的定义是：领导力是一种促使大家向共同目标不断前进的能力，这些目标的实现如果仅仅依赖他们个人的努力是无法实现的。

我非常坚信领导力是可以通过学习获得的，每一个人通过努力都可以具备以上列的所有能力和要求。如计划和组织能力，是基础也是非常明确的。像信任和直觉，由于涉及精神和性格元素，会相对变得复杂和敏感一些。所有这些都是一个好的领导力所必须的，所有这些内容在接下来的章节中都会详解。

这本书中领导力的有关问题是有写作顺序的，前面几个章节是为后面章节打些基础。例如第二和第三章，做领队首先要有积极的态度，然后就是活动的计划和准备；第四章和第五章讨论了领导力的风格，特别介绍了女性在领导力风格中的机遇和挑战。第六章是判断决策，重点是如何在常识和直觉中寻求平衡。第七到第十章，讨论了关怀、职责、沟通和鼓励。第十一章是团队建设，介绍了愿景的核心内容。第十二章介绍的是冲突处理。第十三章介绍的是应对压力。第十四章是从你的领域来讨论组织的领导力。第十五章提供了已启动和前沿的政治举措，如那些由环境问题引发的争论。

为了提供更快的参考，每章最后都加了一个"学着去带队"内容，总结了这一章的关键知识点。

这本书的编写风格是为了使主题更明确。领导力并不是高不可攀，而是留给那些有智慧的少数人。与我们所有仍在训练中的领队一样，这是一个需要持续不断学习的能力。

当然有些领队由于天赋，天生做得就很好，如稳定的系统和快速的反应。但通过我多年的观察，我坚信任何人都能成为胜任的领队——包括那些腼腆的、不善言辞的人，只要他们在自己的能力范围内去带领。我的意思并不是每个人都能成为组织中的领袖，或者能带队登顶珠峰，因为没有任何一个组织允许一个领队带领成员去做超出他能力范畴的事情。但我们中的每一个人都可以在面对挑战时去锻炼提高自己的领导力技巧，比如带领家人在雨中的海边徒步。

家庭的外出郊游似乎并不需要正式的领队，我们中的许多人也确实在自己同伴组织的登山活动中并没有指定的领队，但户外活动总会有一些规矩。如果你经常在户外活动，如遇到一些不好带的团队，或需要领导力解决的突发状况时也没有引起你对领导力的关注的话就有些不正常了。

期待着"某人"可以站出来，期待着有能力的领队可以突然出现，这些都是幼稚的想法。如果别无他选，考虑领导力培训将是一个聪明的上策。

最后，这部书中使用的绝大部分案例和故事都是基于户外情形的，但这本书的指导方法适用于任何情况。你可以使用它去带领公司团队合作，组织你社区的竞选活动，或者和你的孩子们相处。领导力的问题贯穿于我们生活的全部，希望这本书带给你的影响不止是你的下一次徒步活动。

学着去带队

什么是领导力？

- [ ] 对于一次户外活动的成功与否，领导力恰恰是一个决定性因素。

- [ ] 不要指望没经过专门训练的领队就可以随时出现在需要的紧急关头。

- [ ] 领导力不是通过一本书或一个课程就可以掌握的，是需要大量时间学习才能掌握的一门艺术。

- [ ] 领导力绝不仅仅是指明方向——而是引导队员如何用最好的方式做最需要的事情。

- [ ] 领导力是一种促使大家用他们自己无法实现的能力向着你希望的共同目标前进的才能。

- [ ] 任何人都能成为胜任的领队——包括那些腼腆的、不善言辞的人，只要他们在他们的能力范围内去带领。

- [ ] 考虑参加领导力培训是一个明智之举，哪怕你从没想过要加入一个俱乐部去做领队。

- [ ] 领导力的训练将让我们所做的一切受益——不仅仅是户外活动。领导力的问题贯穿于我们生活的全部。

第二章　领队态度

　　你认为领导力是什么？当你作为领队时，你的态度将会极大地影响你领队时的表现。好的领队态度不一定保证成功，但绝对会提高你成功的几率。

　　明确你的态度和看待领队工作的方式是十分必要的。这样可以使你更容易地投入领队工作，而在执行的过程中也会起到更好的效果。关于领队的关怀、责任、勇气等方面的态度，都在此书的后面设有单独章节，但除此以外还有一些关于态度的其他内容需要在这里进行探讨。主要包括自我形象、自立能力、倾听自我、信任他人、评估实践，以及确信你总是会在合适的时间处于正确的位置。

　　你需要从观念上成为领队，并且知道为什么而进行领队。当大家指望你做出决定时，你作何感受？你承担着怎样的责任？这里有一个例子：

　　　　这是你第三次作为一个领队出行，并且还带了一队新手在蚊子湖（Mosquito Lake）进行徒步。虽然你的团队行进速度比你预想的节奏要慢一点，但是此刻天气晴朗，遍地绽放着野花。你觉得即便是必须在夜间进行野餐也可以接受。

突然间，乌云密布，越过山脊向西延伸，数分钟后，夏日暴风雨将向你袭来。第一滴大雨砸向地面扬起尘土。伴随着山顶震耳欲聋的电闪雷鸣不断靠近，你知道暴风雨中心将在数分钟后来到你的头顶。

你们刚刚走上一条很长的暴露的山脊，如果你继续向上行走，将会很有可能被雷电击中，而如果你不继续前行，这么大的暴风雨势必会引起一些人的恐慌。但是如果你向下走，进入下面的丛林，那么你们绝不可能在天黑之前达到湖边。到时你只能在低处露营，你也无法确保那里是否有水源可以供你们使用。

直到刚才，在当时如此易走的途中，是没人需要被"领导"的。但是现在却不同了。这是本第一次在山里进行徒步，每一次闪电都加重了他的忧虑。"我们该怎么办？"他问道，并且是直接向你发问。

这一刻，不必再为谁说了算的问题而害羞了。但也不能在这时把你的负担丢给他人，这时你的团队已经非常地敏感。这时，你应该冷静而自信地唤醒你的领队角色，同时，也应该让其他人感受到这一点。你需要把自己视为一个领导者，有效履行职责，成为队伍的领袖。也就是说，你要正视自己、接受自己的角色、承担你的责任、平息你的情绪，同时从思想和心态上准备好进行队伍的领导。

要想正视你的领导角色，并不是一夜之间可以做到的。这要通过训练和经验积累进行提高和深化。但你可以通过挖掘和探索更深层次的东西,即你领队的动机,来加快成长进程,从而更迅速、更自信地担当领队的角色。

要成为一名领队需要大量的时间和不懈的努力。成为领队的同时也意味着要承担风险和责任。除非你已经对做领队所能带来的个人收获进行了深思熟虑,并明确评估付出是值得的,否则你勉强自己履行并承担义务是非常困难的。没有这种奉献的意识,你今后作为领队的日子则会比较郁闷。

> 领队能力最重要的方面,是拥有比满足自尊而更加深远的动机。成为一名优秀领队,还需要热情和坦率。
>
> 时常审视你的目的。询问自己为什么当领队。如果你的目的是为了满足自尊心和显示权力,你的队伍将会感觉到这点,并且这很可能也起不到什么效果。
>
> 这对任何领队来说都是真理。四年前,我在我们社区开设了一所私立学校。在加拿大,这绝对不是什么新鲜事儿,并且得到了许多的反对。但是我们仍然坚持不懈,因为我们知道孩子们对此有需求,也因为我们做这件事具有很强烈的目标。
>
> ——沙伦·伍德,探险动力公司,
> 北美洲第一位登顶珠峰的女性

明确及认可你从事领队的动机,不仅可以帮助你更好地履行承诺,还可以在了解自我并深知什么对你是最重要的情况下,更加坚定领队工作。这种观念使你在担当领队时获得更多个人满足感:你进行领队是因为这件事情在你的生活中占有非常重要的位置。

如果领队工作在更深层次上来讲对你有意义,那么当你作为领队时将会感到更加的自信和轻松。你还会发现,当你承担压力时，可以更好地唤起勇气，这一部分在第十章会有详细的讲解。这会使你充满自信和勇气，并且这些感觉会越来越强烈。

正是如此，要经常审视自己，问问自己为什么从事领队，为什么花费这些时间承担领队过程中所必须面对的困难。我看到许多领队之所以没有表现出自己的惰性，是因为别人期待他们这样，而不是自己真正想克服这种不良的习惯。或者是因为这样就可以给他们提供个人满足感。像以上这些动机，往往会造就失败的领队。盲目地去当领队，最终就会导致力不从心甚至失败。如果你没有准备好成为领队，天气、意外事件、冲突，这些总有一天会发生，并考验你作为领队的信念。而在此时，如果你成为领队的目的十分的明确，将会加深对你内在领队形象的塑造，并帮助你克服困难，取得成功。

那么请问问你自己为什么当领队。

"因为我很擅长做领队，并且我喜欢做领队"，这样回答不错，但你可以向更深层次探寻当领队的动机。

"我当领队是因为我爱挑战应对那些意想不到的事情。这具有更强的探险性。"

"我当领队是因为这样可以对我多方面进行考验，并且会有很强的自我满足感。"

"我当领队是因为我喜欢与人打交道，使我带领的大伙展现出最好的一面，这对我来说是种挑战。"

另一个强大的动机则是，在户外学习和实践的领队技能，可以无时无刻地运用在你的生活当中。当你徒步结束后，驱车返程时，领队工作所带来的自信心也依然存在。如果你拥有带领队伍穿越山脉的领队技能和自信，你可以运用这些技能攻克其他各种家庭、工作及社区里的难关。

比方说，许多户外爱好者在从事商业活动时、组织和执教运动队时、在社区从事一些相关的志愿者工作时，这些活动都需要领队技能，如组织能力、目标设定能力、沟通能力、建立和激励队伍的能力及化解矛盾的能力，这些都是经常可以在户外学习和实践的。

作为领队，所能带来的一个最大的益处是这项工作所提供的服务机会。作为一名教练和榜样，当发现通过技能和品格方面的学习，能使他人的生活也变得更美好，是极其令人满足的事情。就好像其他教过你的那些人也改变了你的生活一样。这些展示、示范以及教授生活技能的机会构成的领队能力，是一份礼物。这对个人满足和个人价值来说都是非常珍贵的资源。

你需要意识到，作为领队是非常孤单的。友好、平易近人的确是珍贵的领队特征，但是领队并不是一场为争取欢迎度而进行的比赛。有时在你执行领队工作时，你时常会不得不对一些事情进行否定，或者作出一些令他人失望或者气愤的决定。如果你像上面所提到的，在领队时明确地、自信地看待自己的身份，在执行这些事情时，将会在执行力度和执行手法上达到很好的效果。

同样地，在学习领队技能的时候，不要过分依赖于模仿偶像。虽然观察他人是领队训练中的必要环节，模仿经验丰富的领队的做法也是十分容易的，但是这些都具有一定的局限性。首先，并不是所有你接触的榜样的做法都是正确的。其次，学习了错误的方法，是非常难于改正过来的。

> 领队技能并不都是从经验丰富者传递给经验缺乏者的。也有许多经验丰富的人并不知道自己在做什么。有些人说经验是最好的老师，这是不对的。我甚至知道有些人犯同一个错误长达四十多年。
> ——保罗·佩佐尔特，美国国家户外领导力学校创始人

如果你特别幸运，可以从许多堪称完美的榜样身上观察和学习。但也要注意，过分依赖于他们是有弊端的。学习领队技能并不像是学习滑雪时半犁式转弯技术，所有的滑雪者都可以以同样的方法进行学习。就像第四章所描述的那样，每位好的领队都会根据自身的特点来培养出自己独有的领队特色。能够供你模仿的是非常有限的，而你必须把领队的基本原则与你的个人特点相结合，并最终为你所用。

最初，你会有孤独感。但是随着时间的推移，你会发现你在领队时，可以通过表达自我获得更多的自信，而不是通过模仿他人。

理性与感性并存。领队技能训练和学习硬性技术不同的是更具个人色彩，这一部分将会在后面的章程有所讲解。你需要像感受自己那样，提高感受他人的能力，在做决策时要结合感性和理性元素进行考虑，从而拥有"人际交往能力"来解决情感上的冲突及对自我的反思。

想要在这些方面获得效果，那么你需要在理性方面和感性方面都达到一定的水准。如果只是运用理性技能处理硬性的量化事情，那么就好比买了台只有一个频道的电视机，你将无法全方位的得到你想要的信息，并洞悉你所希望知道的内容。

运用理性和感性进行领队工作，意味着虽然不让那些达不到你组织的徒步水平的人参加此次活动，但会花费一个小时的时间从电话里向他介绍与他水平相符的，并且他也会喜欢的活动。意味着除了为十一位队员设计了一份很好的一周野外食谱外，并且还特别为格温周六的生日准备蛋糕和蜡烛。意味着虽然带领一支队伍用了十二个小时爬上一座非常难的顶峰，却在签登顶登记表前可以悠然地观赏晚霞的美景；意味着你虽然已经策划了一条穿越高山雪道的完美路线，但到达那里时却由于强烈的直觉而改变为另一条路线；意味着教你的队伍一些攀岩标志，同时还为如何用西班牙语教洪都拉斯的交换生而煞费苦心。运用理性和感性技能，意味着完成了一次惊险的首次攀登，之后还能够在下撤的路上因为美丽的野花群驻足欣赏。

综合运用理性和感性技能，不仅能为保障你的行程安全和达成目标提供信息和直觉，也能为团队中的所有人提供丰富、全面、个性的体验。你越是善于此道，你越能发现这些技能在你领队时的作用，并可以极大地增加你的自信。

信任他人。评测领队实效性的最佳方法，就是评估他对他们队员的影响。好的领队往往可以激发其队员超常发挥。好的领队不是通过给予鼓舞士气的话来对队员进行影响，而是来自他们对队员积极的潜能所展现出的发自内心的信任，而这也是一种很重要的能力。

你对他人抱有信心，可以直接影响他的表现。这里有个例子。当你在攀登时，你遇到了最难攀登的一段路程——斜切一个垂直的冰壁。现在已经是下午的晚些时候了，强烈的阳光已经持续照射了数个小时，使冰变得柔软。当你看向比尔和艾德时，他们身下的落脚点在逐渐崩塌，但他们在逐渐找到新的落脚点去攀爬。艾德的情况较为勉强，但也继续前进着。现在只剩下了弗兰克一人了。弗兰克是一名优秀的登山者，但在这次的队伍中却可能是最弱的一名。他同样负重 27 斤，并且太阳又持续晒了 20 多分钟使冰面更加松软。弗兰克很有可能会坠落。这时你谨慎地架设了安全绳索，以备阻止他滑坠，但你把他拉上来是非常困难和具有一定风险的。

你已经做好了所有安全措施。而此时你感性的一面将怎样应对这件事情？

不要等弗兰克滑坠。取而代之的是，你需要相信他可以成功。光给他鼓劲儿加油是不够的。队伍中的每位成员都要真心在脑海中浮现出这样一种场景——弗兰克有策略性地挥着冰镐踩着冰爪向上移动并越过了冰壁，而你们每一位成员都与他成为一个整体，用精神力量驱使他前进。弗兰克将会感受到这种力量，并促使他前进，也许正是蹬这几步和挥这几镐使他稳步向前摆脱坠落。而这样就足够了。

我并不是在建议你同样对待没有经验、训练和技能的人们。但是通过有意识的对人们及其潜力的信任，可以提升他们的自信及能力，特别是在困难及危险的情况下。

> 作为一名领队，要坚如磐石。有时在你的队伍中会有一些消极的队员和胆小的队员，这些队员会给你的其他队员带来负面的影响。而领队则要对这种负面影响进行转变。领队不仅仅只是个榜样，还要作为能量源泉来鼓舞整个团队。
> ——彼得·惠特克，登山者/向导，巅峰探险旅行公司

实践优先原则。别指望不练习就可以在需要时对领队技能进行使用。通过花费时间和不懈努力可以使领队技术越来越娴熟，也能更加自信地处理困难和冲突，并且激发队员的自信心。

有时我会看到我办公窗外隔壁的消防站。我经常看见消防员们拆开和收起水管，连接和拆除消防栓，放置消防梯，检查装备。

每逢我惊讶于他们练习的次数,我就想到我所进行的数百次的练习。就拿带领裂缝救援来说,我确保可以在狂风暴雪的环境中,用左手操作,闭着眼完成滑轮救援系统。

事实上,在我数十年的攀登冰川的生涯中,我只有两到三次真正需要实施裂缝救援。而每次滑坠的登山者都有意识地积极地想要靠自己的力量爬出来。而我们其余的人所要做的就是保证他的绳子安全。因此,在实际的情况下,我是不需要设置及用到滑轮救援系统的。但在我必须去运用救援技术的时候我会知道如何运用,从而让我有更多的信心来领导团队穿越危险的冰川。

领队训练环节中,对复杂的重复性技术进行实践是一个无休止的过程。比如裂缝救援技术,或者运用指北针和地图在野外对方位进行识别。许多书籍都可以帮助你提升这部分技能。当地户外组织所开设的课程或培训班可以帮助你把这些进一步提升。

领队训练的另一个环节是要达到轻车熟路。比如制定决策与处理冲突,每次都需要随机应变,基本没有什么书籍和课程可以帮助你提升这些技能。但也有很多办法让你进行提高,你可以在带领的队伍里获得反馈,或者平时留意记录有效和无效的办法。或者与其他领队分享经验和寻求建议,特别是向那些在户外圈待的时间比你久的领队。

要想将技术、技能和领队技巧达到精通和自信,是需要进行积累的。对于这一点,没有人是完美无瑕的。如果你没有出现什么错误,那可能是因为你并没有为将领队技能达到极致,而竭尽全力地提升自己。错误是领队成长的必要因素,从失败中学习经验并不代表你是失败的。

每次行程结束后,都花点时间来评估自己此次领队时的表现,记录下来哪些领队技能是有效的,尤其是那些第一次尝试使用的技能,还要努力研究那些没有起到作用的技能。如果你不能完全解析哪里出现了问题，那么就要多花些精力去深入研究，并且与经验丰富的领队进行交流，直到你研究明白哪里出现了问题为止。直到你满意自己得到的结果，并且觉得下次自己可以做的更好时，才可以停止。

众所周知，作为一名领队，你会经常碰巧遇到一些"惊喜"。必然会有许多对领队的挑战出乎意料地找上你，而有些突发情况比你预想的要难搞的多。当遇到这种情况，不要浪费时间琢磨为什么你会遇到这种事情，这并不是你的错。

在长颈鹿计划中，我们对许多承担了重要而又危险的领导力方面挑战的人进行了访谈，比方说他们会把毒贩子驱赶出他们的社区，或者承担一些主要机构中的反腐问题或污染问题。当我们询问他们为什么他们要承担这些令人望而却步的苦差时，他们往往都是耸耸肩膀以示回答。他们说，挑战就摆在自己面前，没有人愿意惹上这些麻烦，所以他们不得不去做。

这些回应所显示的意义是巨大的。如果危机突然降临，而你被推选担当领队，或者当你领队时遇到突发难题，你是无法置身事外的。你被训练成为领队，谁还能比你更能胜任处理这些难题？

突发事件可以造就一名好的领队，却很少会毁掉一名领队。我坚信如果你达不到一定的工作量，是不会给自己带来磨炼和挑战的。如果你信任自己的储备和积累，那么将来遇到挑战时，解决问题的几率将会大大的提高。

那么做你该做的事情吧。

学着去带队

领队态度

- [ ] **你需要从观念上成为领队，并且知道为什么而领队。**这会使得领队经历更具有个人意义，在处于领队的位置时也更加的自信和轻松。

  当你罗列自己当领队的原因时，也要考虑到以下两点。

  - 领队技能，以及通过从事领队工作而产生的自信心，会对你生活中的方方面面都起到作用。
  - 学习和塑造领队技能，可以提供难得的服务机会。

- [ ] **意识到领队是让人感觉孤单的工作。**作为领队，经常要做一些不受欢迎的决定。你对于自身为领队的认知程度和自信心，将会极大地影响领队过程中的执行力度和执行手法。

  不要过度依赖于榜样。模仿是暂时的，你必须将领队的基本原则和你的风格相结合，并驱使这种能力为你所用。

- [ ] **理性与感性并存。**要有切身体会和关心他人的能力，在决策时要把理性因素和感性直觉相结合，来解决情感上的冲突和对自我的反思。

- [ ] **信任他人。**你越信任他人，越能促使他们做得更好。

- [ ] **实践优先原则。**加强实践就可以在需要领队技能时对这种技能进行熟练运用。学会从失败中获取经验。

- [ ] **作为领队，要做好随时应对突发事件的准备。**如果需要你以领队的身份来解决困难的突发情况时，你不能思前想后，要毫不犹豫地面对。

第三章　提前准备

虽然在户外带队比行前准备更为有趣和具有挑战性，但是领队的任何一个细节都是至关重要的。一个有条理的、筹备完善的、能够全面整合相关信息的团队在野外进行活动时，不仅可以达成目标和避免意外发生，同时也能更好地享受户外的休闲时光。

带领一项户外活动时，首先要从你自身做起：你的体能、技能以及你的装备。当你制定一项计划时，自己或者寻求帮助完善一套你在野外活动时需要的管理机制。不仅为户外活动参与者的需求进行准备，同时还要审核他们的资质。当团队组成后，进行一些初步的电话联系，这不仅仅只是传递一些信息，也是要开始与不熟悉的人建立彼此之间的个人关系。在你带领队伍进入野外时，确保已经对各类特殊环节都有所关注，比如医疗条件。最后，虽然你已经仔细核查了一切事情，但依然要时刻为不可预期的事情做好准备。

自己先做好准备。为带领一支户外队伍做好准备，需要组织协调能力，吃苦耐劳的能力，以及大量的相关常识。第一步是，确保你自己的身体状况和技术水平已经做好了准备。这部分内容，需要学会通过实际情况不断地评估自己的表现，并且拿捏好自身的极限。

让自己的身体保持良好状态。作为一名领队，要拥有非常好的力量素质和耐力素质，每一位领队，不论高矮，都需要保证身体的良好状态。跑步、健身房练习、做一些专项训练，比如针对手臂、踝关节的特别训练。做好一切训练，以保证拥有足够的力量及耐力，来应对路程中的一切外界挑战。

这并不是说，你是一个老手，或者你带领的队伍中有许多人都比你小，才要求你要成为队伍中体能最好的一员，而是因为你是一名领队。通常情况下，在你带的各类队伍中，你至少要达到所带领队伍的平均水平，你不必总是冲在前面当领头羊。虽然你不必是整个队伍中最强壮的，但你也不能在行走过程中，气喘吁吁、汗流浃背地拖整个队伍的后腿。尽量按照你的能力来背负一些队伍的公用装备，但是你的队伍中如果有一些非常强壮的青少年希望亲自背负整个帐篷的话，那就太幸运了。

确保你的技术能力能够达到活动的一切需求。如果你的户外活动需要一些特殊技术能力，比如攀爬陡峭的岩壁或冰壁，或用皮划艇划过一段非常危险的激流，你必须拥有一些特殊的训练。而作为领队，你必须拥有技能非常娴熟的队伍才行。有时候，可以主动让队伍中有能力的人在某些困难的路段中，充分发挥他们的特长，带领大家通过。在这种情况下，你勉为其难，不主动寻求协助，往往属于不负责任的表现。

高山探险是一个非常好的例子。对于这样一个庞大的、复杂的，并且伴随大量危险的活动，需要领队拥有极其丰富的经验和技能，而不仅仅只局限于体能。也许一名优秀的年轻攀登者可以一鼓作气冲上顶峰，但这一切都离不开领队，领队是身处高海拔营地，为整个队伍的成功负责统筹的人。

作为一般规律，带领一个你不熟悉的队伍，将会把你的个人能力和技术能力推向极致。如果你没有承担领队的责任，那么这种把你推到极限的情况是非常好的，这可以使你有更多的机会关注自己的成长。但是，作为一名领队，你所扮演的角色不只是着眼于你自己的技术能力。除非别无选择，你不应该使自己承担体能耗尽的风险，或者做出孤注一掷的举动。也不能因为自己造成的不良状况，让你的队伍措手不及（如对领队进行悬崖施救）。

当然了，那些真正被我们依赖的能力，依然是那些最为基本的能力。比如地形图识别、急救、天气识别、装填背包、绳结技术、保持暖和干燥、搭帐篷、寻找水源，以及在野外的做饭技能。在每次出行前，回顾一下在计划的行程中会使用到的技术，包括所有你觉得有些生疏的技能。这些可能都是需要你自己独立完成的，你总不能让一个初学者在户外看着你在那练习基本绳结技术吧！

切实的、持续地评估你的表现，当然也要遵循自己的个人极限。作为领队，最困难的莫过于了解并面对自己在力量及技术方面的极限。你独自一人面临挑战自我能力极限的境遇是一件非常糟糕的情况。如果你是带队的话，这种灾难将是翻倍的。

自我评估并不是一件容易的事情。

多年以前，我自己攀爬喀斯喀特山脉的一个非常困难的岩壁。岩石非常坚硬，天空非常蓝，我有汤姆和唐两位最好的攀登搭档一起攀爬。为什么我玩得并不爽呢？我的呼吸非常困难，我的指关节处在流血，我的膝盖在经受冲击。我清楚地意识到，许多年前，我曾可以精准而优雅地进行攀登。而在我一生中的几次户外运动中，这次我真的害怕会发生滑坠。更别提我能否享受这次攀登了！以前是我自身的平衡性和柔韧性促使我登上了许多不同的山峰，现在看来如果不在健身房花费大量的时间是不可能把这些能力恢复回来了。

此刻，发生了有趣的一幕，站在一个狭窄的距离地面600多米的悬壁上。"你来带队"，汤姆指向一个看起来和窗子玻璃一般光滑的岩壁说道。我顺势向上看去，然后告诉他们，我跟在他们后面会更好些。他们听到我的回答后对我进行调侃，但事实上，那一刻确实让我难以抉择。我必须面对我的平衡和灵敏性已经无法承受那种难度级别的岩壁路线。

对于年轻领队来说，更需要进行坦诚的评估。年轻的领队有时不知道在面对有难度的攀登和考验时，是否超出了他们的能力极限。也许有些年轻领队会在攀登前夜的篝火晚会上夸大其词，如果第二天攀爬时遇到了队员受伤或者丢失的情况，年轻领队却只是抱有雄心壮志，而缺乏真正技能的话，那可不是闹着玩的，那是一件糟糕的事情。

出行前确保装备准备妥当。各类季节进行的户外活动似乎看起来都需要新的技术和技能，但大多数都是需要新发明出来的设备进行辅助，这种创新发明会直接影响到你所需要的技能。现如今，与以前的戈尔特斯（Gore-Tex）面料和抓绒的材料相比，服装更具保暖性和干爽性。虽然利用指北针和地图进行识别的技术永远不会过时，但是全球定位系统（GPS）每年都变得越来越小巧和便宜。而冷冻风干食材和其他一些独具创造性的路餐在超市的出现，也使营地烹饪技术不再像以前那么的具有挑战性，其对厨艺的要求也降低了。

但是永远不要过于依赖技术产品，人类的户外技能永远不会过时，尤其是领队技术。从某种程度上讲，由于户外属于给人的身体进行试炼的恶劣环境，这些精细敏感的装备，有可能会跌落或者损坏。更主要的是，户外的很多事情是器械无法完成的。虽然卫星可以告诉你处于山上的哪一点，但是它不会教给你如何在雨中生火、装填背包、躲避雪崩易发的雪坡、或者在你及你的队员滑坠前发现冰裂缝。

特别是如果你要去带队或者想去带队，那么首先要熟练基本户外技能以及基本户外装备。这不只是因为你也许会遇到你的高科技装备起不到作用的情况，同时，比如知道十种以上可以让自己保持温暖干燥的方法、你可以随处找到食物以及水分、用一个指北针和一幅地图就可以为队伍指明道路、以及通过天空可以判断出天气情况，熟知这些基本技能会给你的内心带来相当大的自信。

准备好自己的出行装备，并熟知如何使用。并将这些装备的重要性传递给所有想要去野外的人们。这一点对于领队来说是十分重要的，当其他队员在糟糕的境遇中遇到了棘手的装备问题，他们可能没有时间或者机会来有效的进行自我处理时，领队就要发挥作用。作为一名领队，你的装备必须齐全并时刻准备着，你必须能够在黑暗中、在雨中、或者你的半数队员都在向你呐喊求救时进行熟练使用。

严格要求自己提前检查自己的装备。装备是否干净、干燥，是否需要油润滑。并且在一次出行结束后，立刻修理你的装备，而不要拖到下一次出行开始的前一晚才着手修理。在日常时间，定期检查下自己头灯的电池和灯泡。在清理你的靴子时，如果是皮革材质的，可以在表面涂抹上一层防护油，这层油脂会起到很好的保养作用，这时你可以将它放入鞋柜，以备下次使用。对帐篷进行修复，把你帐篷上的小洞补好，避免在高海拔时风暴将它扯开。

检查你的每一件新装备。比如说，雪崩探测器的使用或许就需要专门的指导或者课程。如果你要在家检测你的新装备，尽可能确保测试贴近现实情况。不要在起居室练习搭你新买的帐篷，要把帐篷拿到花园中，并且在夜晚的环境下练习并检查几次。

在脑海中回顾一遍你所有的个人装备物资。就像是你登上飞机后，安全提示视频里讲的那样，先自己带上氧气面罩，再去帮助他人。作为一名领队，也许你非常擅长在路途中应对队员们的身体问题、装备问题以及技能问题。而往往你没有时间来应对自己的问题，这就是为什么我们要提前做好万全准备。

有序的组织。如果你不担心迷路，也可以忍受因为忘记带气罐而只能吃未做熟的食物，并且能够承受所有人对你的行程计划进行抱怨的话，那么你就去选择毫无组织和准备的"即兴表演"吧。如果你不想产生这种混乱场面，那就花费些必要的时间以及精力来完整地制定一套针对行程的组织计划。

研究行程。阅读合适的行程指南，获取相应的地图，查看天气预报，给游客服务站打电话询问路程的各个终点以及其他各类环境情况，比如是否有可能会遇到雪崩。与走过相关路途的人交流经验。

制定计划（但不是最终计划）。计算大概的行程时间，规划路线，确定并组成团队，确认好个人必备装备。开几次计划会议并明确运输需求。使这份计划具有一定的开放性，以备后续再加入或更新各类信息。

在你需要时寻求帮助。确认你是否需要一些帮助，并找到相应的帮助。如果这次徒步是一次大活动，比如一堂基础训练课，你将需要一个副领队以及其他协助者。

有针对性地打电话寻求帮助，不要太随意。认真评估自己需要具有何种能力的人，以及具有哪种职能的人，并根据这些切实需要寻找帮助。之后，花费足够的时间以及努力来寻找符合你计划的合适人选。确保这些人有足够的知识及技术积累。这些前期的大量准备工作将会在你全力开展活动时显示出丰厚的回报，并且到时你将会知道你可以完全依靠你的团队来完成他们相应的任务。

开发并使用管理工具来记录你需要的各种细节，比如车辆、装备、食物、地图、向导、天气以及雪崩报告。我认识一些登山家，他们誓言他们只需要一个3×5记事卡来为所有事情做计划，不论是他们孩子的生日派对，还是去喀拉昆仑山脉的探险。另一方面，我还认识一些人，他们恨不得将他们的强力笔记本电脑带上山去。

你所要进行的活动规模越大，就越需要一个综合性强且全面的管理工具。我依赖家用电脑来帮助我记录路线计划。我还会用到许多必要的清单：比如我会在一张清单上记录汽车以及其他运输需求，队员的名字、电话号码以及其他关键信息记录在另一张上。装备往往能够体现出组织工作中的挑战，因此我用一整张列表来整理我的个人装备清单。我知道这对你来说也许显得有些夸张，但我会用我自己的鲜活事例来说明我的个人装备清单的重要作用。

首先，我会输入我拥有的所有户外装备，并用一个代码来表示它的存放处。在下面的例子中，GS表示我家的装备储存室，B代表地下室，BC代表卧室衣柜。之后我要确认所有我可能会作为领队的活动。最终我将制作一个表格，纵向是对装备的罗列，横向是活动的类型。如果一个装备是对于某次行程必要的(essential)，那么我将在相应的表格中输入一个E。如果它是选择性（optional）携带的，我输入O，如果不需要，就将这一个格空着。当我计划一次行程时，我只需要根据相应的纵列，查看相应的E和O就可以了。

我所有图表中的一部分内容如下：

个人装备定位表

物品	储存地点	家庭露营	攀岩（单日）	攀冰（周末）
重型睡袋	GS			E
轻型睡袋	GS	E		
气垫	GS	E		E
紧急露营袋	GS	E	O	E
双人帐篷	GS			E
四人帐篷	B	E		O
炉具	GS	E		E
燃气罐	GS	E		E
备用燃气罐	GS	O		O
餐具	GS	E		E
大容量水壶	GS	E	E	E
便携水壶	GS	E	E	E
做饭工具箱	GS	E		E
大冰镐	GS			E
小冰镐	GS			E
裂缝救援装备	GS			E
冰爪	GS			E
厚抓绒衫	BC			E
薄抓绒衫	BC	E	E	O
抓绒裤	GS			E
速干裤	BC	E	E	
速干内衣	BC	E	E	E
速干长内衣裤	BC	E		
厚袜子	GS			E
薄袜子	BC	E	E	E
Parka 大衣	GS	E	E	E
9mm 绳	GS		E	E
10.5mm 绳	GS		E	E
绳套	GS		E	E
头盔	GS		E	E
安全带	GS		E	E

如果你的房子结构允许，将你户外出行所有的或者绝大部分需要的装备都放置在一个地方。保持所有装备清洁、可见，以及随时可以拿来使用。对于小的相似的物品统一存放在密封袋或者密封包中，并挂在墙上。比如说，一个袋子可以放电线、布基胶带、垫子及戈尔特斯材料的修补材料、冰爪扳手等这类维修工具。另一袋是裂缝救援装备，也许会包含绳套等类似的相关物品。其他一些密封包可以放一些营地清洁工具或者如厕工具。这种理念是为了避免在出行前收拾物品时不至于慌乱地寻找这些小工具。

作为一名领队，你必须要考虑的，就是通过行前计划与组织来为自己提供便利，尽可能减少麻烦的产生。不论你是否使用电脑，你都要开发一套适用于你规划自己装备的工具。运用类似的工具来进行记录，比如人员、交通工具以及公共装备等等。

> 由于是高压力及时间紧迫的搜寻和救援工作，我们必须使用已经事先起草好的计划及备忘录。在紧急的突发情况下，我们可以快速地用手指指向相应的表格，确保我们已经做全面了或者正在做的事情没有疏漏。如果我们没有在列表上进行记录，我们往往会遗漏某些急需的东西，比如说一个非常重要的工具。
>
> 在进行任何户外活动前，由于我们不可能将所有物品都带着，所以我们都要从脑海里仔细思考一遍真正需要的物品。以我个人的背包为例，我不会携带过大的急救包，因为往往我治疗的人随后都会被送到医院进行治疗。我还对多功能物品有非常大的兴趣，硬纸板夹板就是一个非常好的例子。在垫包的时候你可以用到它，或者可以坐在雪地中使用，可以露营时垫着睡觉用，并且

> 这个夹板用来生火很好用。
>
> 好的准备不仅仅是指确保你已经准备好了所有你需要的东西。你也需要确保将这些东西放在合适的位置，特别是那些需要方便快速使用的。一些我会比较提前用到的或者经常用到的，比如胶带，往往我会放在背包的顶部。而有一些用品虽然也是非常必要的，但是却很少会着急使用的，比如止痛片，可以放在背包较往下的位置。
>
> ——蒂姆·奥格，公共安全专家，搜索与营救，班芙国家公园

为想要来参加徒步的人说明要求并进行资格评估。确保每个人都知道路线的难度、预期速度，以及装备和技术需求。如果你的路线需要专项技术，开发一个问题清单，里面包含你想要询问参与者的一些问题。这种为攀登者专门制作的表格已经在许多国家公园都要求填写了。申请者在过去五年间的登山户外运动中有过什么经历，包括困难级别以及结果；曾经接受过哪种级别的技术训练，上过什么样的课程，师承何处；同时还要问询他们目前的身体状况，特别是他们近期是否进行过一定数量的野外活动；询问他们是否进行跑步锻炼或者去健身房锻炼，抑或在家进行健身。

当然相较于靠盲目猜测参与者的能力并还期望他们能做得很好来说，向一些新手询问许多问题会显得非常的麻烦。但是千万避免进行这种猜测的倾向，也不要因为低估了他人的实力而给予过多的关照。如果你感觉一些人并没有做好十足的准备来进行这次户外活动，最为聪明的选择就是亲口告诉他们不适合这次活动，否则将会使他们承担很大的风险，并也会使他人的户外经历大打

折扣。

你可以非常有技巧地告诉他们不能参加此次户外活动的原因，并做详细地解释原因。给他们建议一些更加适合的户外活动，为他们提供其他一些领队的联系方式，并帮助联系。推荐一些有效的技能课程，并为他们提供注册方法等相关信息。对他们明确声明，一旦他们的资质符合条件，你将非常欢迎他们参与今后你组织的各类户外徒步活动。

为了提供必需的信息，以及建立人际关系，提前进行电话联系。 除了难度等级、预计行进速度和需要的技能外，确保使参与你组织的这次户外徒步的队员获得所有的其他必要基本信息，比如定在哪里见面，以及他们应该获得的关于天气和路程的基本知识。介绍这次行程的特别须知。以提醒大家注册参加炎热的八月徒步活动为例，他们需要两个水壶，而非一个。记得发一封公共邮件，里面包含必要装备及可选择性携带装备的清单，特别当此行有许多新手时，你更该如此。

你还可以利用这些打电话的过程，作为一种与陌生队员或了解不深的队员的关系进行"破冰"的途径。这种人际关系的处理非常有用。作为一名领队，你需要了解一切你将必须面对的事情。如果你无法提前与你的这些素未谋面的队员见面，那么你至少可以打一通电话，进行联系。

建立一个友好、信任的关系，将会非常有利于此次徒步活动的成功，当遇到危机时这会起到至关重要的作用。你也许会通过提供此次活动的个人观点和想法，来为他们带来非常切实有用的帮助，从而达到建立良好关系的效果。你可以告诉摄影爱好者带来她的照相机，告诉她野外的花朵会非常美丽。再三地告诉初学者，他近期学到的越野滑雪课程的技能将会非常适合此次活动。通过说明和鼓励的方式来告诉每位要来的队员共享装备，比如帐篷和炉具。

确定需要特别关心的事项。确保你了解了所有队员的特殊需求，比如身体状况。有些同行的人在徒步期间必须带上胰岛素或其他药物的情况并不少见。一些人也许会有心脏问题、哮喘、癫痫，或者蜜蜂叮咬后会过敏。除了依赖你的急救技术，询问所有向你报告有特殊情况的人，当他们发病时，需要你怎么做。你需要知道从哪里可以找到他们的药物，以及熟知药物的用量，以应对他们无法自理的情况。

身体状况因素比你想象的还要普遍。不久前，一个和我同行的哥们儿突然急性轻度癫痫发作，此时我们俩正在小心翼翼地穿越一条陡峭的岩石斜坡。我赶紧把他带到安全的环境，但这决不是一次好玩的经历。如果我早知道他有癫痫的话，我绝不会把他带到如此难走的路段。当然了，他也应该提前告诉我这个情况，但是这次经历给我好好地上了一课：我将绝不会再次在不询问或不清楚他人身体情况的前提下，邀请别人参加攀登活动了。

双重确认关键环节，之后再确认一遍。在户外活动中，最严重的情况就是一旦你遗漏了某些关键要素，那么基本上是不可能找到替代品的。即便是以非正式的形式来确认计划，也比草率的组织或管理强得多。在行程开始前的一天或两天给所有队员进行电话确认。通知最新的天气情况或者雪况。提醒携带此行必须的装备，确认关键的公共装备，比如绳子、帐篷、炉具、燃气罐等。

如果你计划使用的是俱乐部的租用装备，要提前对装备进行检查。如果俱乐部的人上个月在帐篷潮湿的情况下收纳了帐篷，并且导致帐篷发霉了，通过检查提前发现比较好。

无论你的队伍有多么迫不及待地想要进入丛林中，一定要在徒步开始前对公用装备及个人装备进行一次最终检查。

防范于未然。不要等着困难和危机来找你。专注于防范问题的产生，而不是在他们发生时进行应对。是的，你已经做了最好的计划。是的，你已经和你所有的队员都进行了充分的交流，并且他们已经尽最大努力做好了准备。是的，你已经三番五次的对每个细节进行了确认。而现在，徒步开始的三天后，谁能想到一场在普通路段上突发的森林大火就这样截住了你们的去路？谁能想到，要想绕过这段森林大火的区域，将会增加很多路程，并多消耗一整天？

你是否携带了足够的食物和做饭的燃气罐作为应对这种事情的备份？你是否带了更大范围的地图，来显示你们新规划的路径？你是否建议过老李不要在你预计的返回日程里安排商务会议，因为——你永远不知道会发生些什么。

学着去带队

提前准备

- ☐ **自己先做好准备**——一旦你走在徒步的途中,你也许得花费很大精力面对其他人的问题。
  - 保持自己的身体状态。至少要求自己的耐力达到你所带领队伍的平均水平,并为户外活动准备好充足的体能。
  - 确保你的技能可以胜任徒步活动的需要,但要记住你不必是队伍里技能最好的。不要组织超出你力量和技术极限的徒步活动。
  - 持续有效地评估你的身体状况,并遵循个人极限。
- ☐ **准备好你的装备**,并经常预习一下你使用这些装备的能力。
- ☐ **进行活动组织**。
  - 研究线路。
  - 制定计划——但要留有一定的开放性和弹性。
  - 在需要时寻求帮助。
  - 开发并使用记录细节的个人管理工具——用来记录车辆、装备、食物、地图等。
- ☐ 为想要来参加徒步的人员说明要求并进行资格评估。在需要的时候,不要吝啬拒绝他人。
- ☐ 为了提供必需的信息,以及建立人际关系,提前进行电话联系。
- ☐ 双重确认关键环节,之后再确认一遍。
- ☐ 防范于未然。

第四章　领队风格

确定你自己的领队风格，并最大化地发挥其长处，以此来弥补你的不足。不论你是哪种风格，都必定是非常有效的。你作为队伍中的领队，如果跟随你的队员知道你是表里如一的，他们会感到更加踏实，并会给予你极大的信任。

领队技能不只是一套规则和所学技能，领队技能是一门艺术，你的个性将在带队时扮演主要角色。正是这种个性特征映射到你的技能和经验中，才组成了你的领队风格。

多种风格都有效。有多少领队，就会有多少领队风格。这也是使领队技能成为如此复杂课题的原因。有些领队在交流时喜欢一句话概括，有些则喜欢高谈阔论。有些人爱笑，有些人不爱笑。有些领队喜欢持续行走，有些则行走得非常谨慎。

以莎莉为例，她是个不太喜欢言辞的人。她觉得她的这种安静的性格可以为她带领队伍时带来许多的信心。她会比较留意避免使别人误解她安静的性格，并且也学到了如何弥补这种不足。

比如说，在一段路程开始时，她会开玩笑似的对她的个性进行解释："伙计们，我不是挂了，而是比较安静而已。"

另一个例子是杰里，他是一个活跃的人物。但是他知道领队是份严肃的工作，并会在开玩笑时稍加注意，特别是和身边都是一些他不熟悉的人开玩笑时。他不会无视自己的责任，并避免因为开玩笑，而使大家怀疑他的能力。但他学会很好地利用他的幽默感，使这种幽默感成为辅助他领队时的力量，用来化解矛盾和缓解他人在紧张环境中的压力。

确定你的领队风格。你越留意你天生的领队风格，你越能利用它的优势，把可能的劣势都转换为力量，并防止一切误会的产生。

> *幽默是一个很大的加分项——特别是能够并有意愿进行自嘲。即使是最棒的领队也会犯一些错误，这时我们不妨自嘲一下，博得一笑，而不必弄得自己如此失落。幽默还会在徒步时，让他人知道你是非常好亲近的人，并且还可以使你与队伍之间建立稳固的关系。*
>
> *——彼得·惠特克，登山者／向导，巅峰探险旅行公司*

比如说你是一个天生对细节就过于敏感的人。你能记得最近一次是什么时候给割草机加的油。你仅有一次没有对支票做到收支平衡，那是在 1976 年，你结婚的那一周。

你的领队风格将会反映出你这种十分周密、机敏的个性。这是一把双刃剑，不论是有利的一面还是不利的一面都需要你进行留意。

打个比方，你不用在意队员们对你细致个性进行的善意玩笑，其实你的队员都对你无与伦比的制定行程计划的能力非常赞赏。你队伍中没有人会担心帐篷没有帐篷杆,或者弄丢地图或独木舟。然而,你要知道,有时候你坚持对一些事情进行四倍的检查时,会惹怒他人,甚至会逐渐破坏与他们之间的关系。要想尽可能好地利用你的风格,你需要准确地评估"超强制定计划能力"与"给人造成困扰"之间的界线。就像莎莉那样,也许你应该收敛下自己的幽默感,多些善意的自嘲。

遵循自己的领队风格。永远不要靠模仿他人的风格来从事领队工作。你的领队风格必须是真实反映,一定要反映出真实的你,不论是好的一面还是坏的一面,你都要接受。如果你的风格是你真实的体现,不论是对你来说还是对他人来说,都将会使你和你的领队技术更加的可信。如果跟随你的人深知他们"所见即所得",他们和你在一起会感觉更踏实,对你作为领队也更为信服。这是一种至关重要的品质,尤其是当问题或危机在路上出现时。

如果你的风格是不真实的,那么你的队员将会很快地感觉到隐藏在伪装之后的困扰及不安,而你也将会花费更多的时间来获取他们的信任及配合。不要为了迎合他人觉得领队应该是什么样的,你就对你的个性进行改变。虽然完全模仿榜样可以帮助你形成你的领队技能,但是切记他们并不能代表你。在某些时候,你必须专注于如何利用你的个性来影响你的领队技能,并且认可和开发你自己的领队风格。

对于那些还在建立自信的新手领队来说,伪装领队风格的诱惑是巨大的。如果你是一名经验尚浅的领队,一定记住:没人指望你是个满头银发的老兵似的人物。尽自己最大所能去做好,你的队伍一定会给你支持。要是假装自己的行为像是个老手,那你可就真的会让大家产生疑虑了。就算你做你擅长的事情,他们也很难信任你,同时也会使你的工作非常难进行。

第四章 领队风格

> 从前，许多欧洲攀登者都会说美国人的攀登太过"民主化"，这就是为什么有这么多的山峰他们无法登顶。他们更多地提倡在领队时的独裁制度。
>
> 有些扯远了。我认为给人们一些机会来理解他们所看到的并帮助他们坚强地做出决定是最好的。如果我在山上正在带领一支队伍，当我根据天气判断这次登山活动无法进行时，我不会立刻对这一事情进行宣布。我会要求大家休息一下，等待一会儿，而不是立刻说"我们撤退"。这时人们会逐渐从疲劳中恢复平静，对周围的环境感知也更好一些。这样他们便有机会自己观看天气，思考时间，来分析当下的情况。接下来我将会问大家的意见。通常将会有一些人提议开始往回撤。如果我所做的没有达到我所想的这种效果，那么我将别无选择地充当向导，让队伍掉头撤回，但至少我尝试了给他们一次自己分析判断的机会。
>
> ——卢·惠特克，登山家/向导，雷尼尔登山公司董事长，《卢·惠特克：一位登山向导的回忆录》的作者。

那么你的领队风格是什么？ 如果你从来没有思考过这个问题，那么就别再试图通过思考来分析解答这个问题。你所寻找的答案一定是过于主观并缺乏理性的。我们不妨和某个了解你的人一起，试验一下下面的几个隐喻练习。这能帮助你发掘出深层的理解，这比你自己费心思空想更能精确地反映真相。

隐喻练习法。闭上你的双眼，回想你曾经的各种领队经历，之后让一个朋友开始对你问问题，"当你在进行领队时，如果让你做一只动物，你想选择做什么？"根据脑中闪现的第一印象进行回答:"当我在领队时,我是一只牧羊犬。""我是头老鹿。""我是头黑猩猩。"当你回答完后,开动你的脑筋思考是否可以找到与你刚刚这种直觉反应相应的原因。比如"我说我领队时是一只牧羊犬,是因为我总是围绕着羊群们。""我是头老鹿是因为我安静、严肃、淡然。""我是只黑猩猩是因为我总能让事情变得充满阳光,充满欢乐。"

让你的朋友用其他的隐喻来重复这同一问题,比如食物、乐器、车等,你的答案也许会具有非常大的启发性。"当我领队时,我是一辆沃尔沃汽车,因为我很可靠。""我是一个混搭披萨,可以根据现实情况,来使用我的多种风格。""我是个喇叭,这样声音就足够大,而大家都会非常清楚我需要什么。"

你的朋友是否同意你的这种评估?你是否觉得自己的风格是一只老鹰,而你朋友却觉得是头驴?是否你觉得自己是一把电吉他,但你朋友却觉得你是弦乐器?

这个练习很有趣,但绝不仅仅是一个游戏。这种讨论练习可以通过你和其他人的感知,有效促使你深思自己的领队风格。这种训练带来的深刻见解,对于测试、改善你的领队风格,以及进行领队的强化练习都是非常有价值的。

永不提倡的领队风格。当然了,还有一些领队风格是永不提倡的,不论这种做法可能多么有道理,有些行为是无效的,也是永远不应该尝试的。例如,具有侮辱性的、讽刺性的、色情的,或操纵性的行为都是不可原谅的。户外徒步不是强迫行军,而你也不是教官。

有时,你也许会像下面的例子讲的那样,觉得适当地或者有必要做一名权威的领导者,而这些都可以在尊重和关怀的条件下进行。不要让人觉得你总是麻木不仁、举动带有欺凌色彩的一个角色。这种行为无非是对你缺乏自信心的掩饰,这会为你的合理判断带来许多麻烦。

我曾与亨利·基辛格共事过，他惯于用恐吓和威胁来领导美国国务院。他会毫不仁慈地训斥他的职员，并以飞快的速度穿过他的私人秘书。要知道，有人哭着从他的办公室跑出来是常有的事情。他由于他的才能而被人敬重，也因为他的领导方式而被人所痛恨。他永远不会明白为什么几乎没有人可以忠于他，因为没有人愿意信任一个恶霸。

灵活的风格——帕克指数（the Pucker Factor）。领队风格不仅需要有据可依、尊重他人，还要具有足够的灵活性来有效应对多变的各种情况。根据这些情况，任何人的领导风格都能够从严格专制型到完全民主型进行转换。

> 我告诉带领我们的领队们，在休息时绝不要自己躲一边扎堆儿，而要融入队伍的其他队员里。作为一名领队也要知道，领队表现得像个黑社会一样也是不合适的。永远要知道什么时候该把领队的角色放在一边，加入到欢快的篝火晚会中，也要知道什么时候应该严厉，特别是发生了有关安全的事情时。
> ——彼得·惠特克，攀登者/向导，巅峰探险旅行公司

如果你看到和你一起行走的队员正要踏上一块松散的岩石，并会发生跌倒的危险，你必须毫无商量的抓住他，并让他避免受到伤害。在这种环境下，就需要适时地行使领队的权利，并及时作出领队应有的反应。

但当四个朋友在去钓鱼的路上，都是做一些常规决定时（比

如，何时停下来吃午餐），这种情况下，最适宜的领导力便是随意些的、民主一些的。甚至这都无法称之为领导力。

这两种处于天平两端的极端案例，即被称为帕克指数，这一名称来源于以前军队描述由于不同级别的压力而使身体产生紧张感的程度。在本书中，帕克指数用来评估，控制欲和权欲型的领队在特殊条件下应该如何去做。

根据帕克指数，当情况的严重性呈上升趋势——肯定是 / 或者是 当队伍解决这种情况的能力呈下降趋势——这时的领队风格就应该更为专制。在这种情况下，基本上不会有什么时间让所有人达成共识，就算有那么点时间，往往达成共识的决定也无法应对严重危机所带来的挑战（请往下看）。

帕克指数不仅依赖于情况的严重性和团队的能力，还依赖于两者间的关系。喜爱数学的人可以用一个公式将这种关系联系起来：$P=G/C$，P 是指帕克指数，G 是指所处环境的严重系数，而 C 是指那些被领导的人们的能力。

比如说，当你看到你的队员将要踏上不稳的石头，PF 值达到了顶峰，并且领队应该更专制——不仅是因为情况的严重程度变高，也因为他明显与危险越来越接近，以及他的自救能力很低。

反观钓鱼的那伙人，环境非常安全，基本上不用什么能力就可以将帕克指数变得很低——而适宜的领导力就是随意地达到共识即可。

因为帕克指数代表的是一种相互之间的关系，在团队能力非常强的情况下，即便在危险的环境下也会保持比较低的系数。

第四章　领队风格

> 1963年夏天，我是哈佛登山俱乐部七名队员之一，我们攀登上了麦金利山（Mount Mckinley）北坳的第一个直坡。这次攀登非常艰难，并且还十分危险。在这段山峰上足足花了我们一个多月的时间。有时候处境非常严峻，但不论是我们七名队员的计划还是攀爬能力都足够应对，并且能够作为一个团队进行很好的协作，以至于在整个攀爬的过程PF值都是保持在非常低的程度。我们大多数的决定都是非常从容制定的。这个旅程中，基本上每种领导能力都得到了挑战，而这个队伍实际上可以说是"群龙无首"的。

记住PF是一种对处境的解读，并且变幻莫测。让我们假设一下去钓鱼的那几个兄弟迷路了。帕克指数此时将会有些升高，随着天色渐晚、温度降低，帕克指数因子也会升高。

随着帕克指数的升高，通过达成共识的方法来解决问题基本上不会有什么效果，特别是队伍的成员的能力和经验都有不同的差异。当没有什么时间用来达成共识，而且非常有必要在此刻做出决定时。此时利用领导力的权利来引导团队中的某个或者某些成员发挥自己的能力和经验到极致就变得非常有意义。如果在钓鱼的途中迷路，一行人中有某位队员非常善于地图识别或者之前来过这个地方，那么大家最好是推选他为领队，而这比在黑暗中争执如何选择路线要强得多。

现在我们假设这位识图者找到了正确的路，但是他却不慎在过木桥时踩滑并跌入湍急的河流，帕克指数迅速升高，剩下三人的其中一人就需要承担起这艰巨的责任，迅速指挥救援。

43

帕克指数并不能替代你的个人领队风格（你依然是牧羊犬、沃尔沃汽车，或者混合披萨），而是暂时将这种风格放一放。你要能够分析理解所处的情况，并调整你把控的尺度来适应当下情况。

学着去带队

领队风格

- □ **领队不仅仅是一套规则和技能，还是一门艺术。** 你的个人人格在其中扮演很重要的角色。
- □ **领队风格有很多。** 有多少领队，就有多少种领队风格。
- □ **学会利用自己的风格。** 越是了解自己的领队风格，越要利于自己的优势，将其劣势化为力量，避免各类误会的发生。
- □ **遵循自己的领队风格。** 如果你的风格不是真实的，你带领的队员很快将会感到这种虚假表象所带来的疑惑及不踏实。
- □ **你是什么领队风格？** 用隐喻的方法诱导出对其深层的理解。
- □ **永不提倡的领队风格。** 麻木不仁、举动带有欺凌色彩的角色，不管什么情况下，都不是一个合适的风格。这种对于缺乏自信的伪装，会导致在判断决策时造成严重错误。
- □ **灵活的风格——帕克指数。** 领队风格需要足够的灵活，以有效地应对各种突发情况。当情况的严重性呈上升趋势——肯定是/或者是；当队伍解决这种情况的能力呈下降趋势——这时的领队风格就应该更为专制。洞悉情况并调整自己合适的状态来应对。

第五章　女性领导力

女性和男性一样也可以成为好的领队,但她们的领队方式和男性不同,而且也不用刻意模仿。性别差异在两种领队方式上的差异,为彼此之间的学习提供了丰富的基础。

在我第一次做户外领导力工作坊时,我的计划就是在十分钟内探讨女性领导力的问题。我说到(学员中 40% 是女性),通过我 30 多年对男性女性做领队的观察,越来越清晰地表明不同性别的人都有成为优秀领队的潜力。我还说,不论是男性还是女性,我都不会刻意去看待——因为好的领导力的基础原则对于大家都是一样的,如做决策、计划、团队建设或者冲突处理。

> 为了证明自己是个女人,所以女性不应该去登山。其实不论男女,登山是因为他们想去登山。我并不会因为她是女性就不跟她登山,我选搭档要看攀登风格,性格、技术或其他方面,和性别无关。

> ——沙伦·伍德，探险动力公司，首登珠峰的北美洲女子

没有人挑战我说过的话。但事实上，我认为一些意见足以解决这个问题却引发了一个热烈的讨论，这个讨论恰恰由女性主导，且持续了两个小时。发言的女性尤其抱怨女性不能完全被接受作为户外领队；在体能方面被男性看不起；在领队角色方面，由于不能表现得"像个男人"而感到压力；还要不断证明她们在户外的经验和专业水平比男性要强。

年长的、经验丰富的女性领队，在带领活动、组织攀登课程和在她们的俱乐部办公时也都有同样的感受。但她们中的大多数还是认为优点终将胜出。一个训练有素的女性是可以克服那些微妙的偏见的，并且作为领队，可以获得男性队员和同伴的支持。

每一个工作坊都引发了几乎同样的一些问题、观点和讨论。这一章就是基于这些探讨，同时加入了很多女领队的对话和观点。

一个男人的世界？ 一个现实的原因摆在眼前足以证明户外已不再是男人的世界——即使原来是。女性玩户外的人越来越多，她们开始购买更多的户外产品（从产品目录中就可以判断），接受更多的户外挑战，如攀登喜马拉雅的高海拔雪山，南北极地探险等，这些在以往都是只能男人参加的运动。

> 在20世纪60年代中期，我创立的美国国家户外领导力学校（NOLS）开设了第一个允许女性参加的户外课程。当时遭受了强烈的反对。我依稀记得，当走进杰克逊的牛仔酒吧时，所有小伙子都跳起来对我吼道："保罗，你居然带着女人做这些事情！"有时在我们的

> 课程中，女队员要背50~60磅（24KG~29KG）的背包，就会有人说到，她们要是能背起来，就永远也别想生孩子了！
>
> 在户外对女性的偏见有很多，这主要源自历史问题。太多男人仍希望女人应该待在家里做家务。但事实上，女人在户外往往做得比男人强很多。她们更有耐力，更富有条理，做决策更愿意基于现实情况。
>
> ——保罗·佩佐尔特，国家户外领导力学校创始人。

许多人对这个发展的趋势可以欣然接受，但还有些人接受不了。他们憎恨女性进入到户外冒险的世界，尤其是那些高强度或者高风险的探险活动。正是这种偏见造成了男女之间的双重标准。

如果这种怨恨是理性的，它早就该停止了。对于女性缺乏户外活动的身体素质的争论是不堪一击的。从我们自身经验看，我们都知道，人们大肌肉群的力量在苛刻的环境中往往发挥不了太多作用，远不如柔韧性、平衡性、耐力。根据国际田径比赛的数据显示，在各方面，男女之间的身体素质差距在逐渐缩小。

> 我的激情都在户外。我从1980年开始就在野外工作，很庆幸我现在的工作是保护环境。我也非常幸运在怀俄明开始我的户外职业生涯时周围也都是女同胞，即使我们也闹了不少笑话，但只要我们3个联合起来就可以做任何男同胞们可以做的事情。四年后，我和一个男同事一起工作，他想要推、拉、提、砍、锯，这些对我太有难度，只得让他自己来。我领悟了，虽然我很强壮，但和别人合作可以使我变得更强大。
>
> 之后，我在美国国家户外领导力学校教书，我又有

> 机会和另一个强大的女人共事,她有出众的领导力,对我是一个很好的榜样。逐渐地我也适应了我自己的领导力风格。
>
> 然而,我永远不会忘记有个学生向我吐露的心声。她完成了一个非常成功的课程后被自己的想法所震惊,因为她看到她的教练团队中3个人中2个人都是女性,她认为课程自然不会特别好,强度也不会太大。这个学生认为自己是一个女权主义者,所以这个印象让她很震惊。她想到了这一点,又有多少人认为同样的事情却从来没有被承认呢?一贯的观点就是户外是那些不要命的人待的地方。
>
> ——卡罗琳·伯德,前美国国家户外领导力学校指导员,现为怀俄明户外委员会的律师。

有一个偏见的观点,就是认为承担户外风险是"男人们"的事。自从"男人们"去杀剑齿虎,这种观点就已被嵌入在我们的文化中,这是非常难应对的。从生物学的角度,女人比男人的处境更安全的说法早已不复存在,如今90%的户外探险活动风险都远比在闹市中逛街低得多。

罪魁祸首是睾丸激素。毫无疑问,男人比女人更多地由他们的激素驱动去寻求更多的身体上的挑战(看看为你十几岁的儿子和女儿上的汽车保险之间的巨大差距)。但这是否使男性能更好地应对这样的风险,或给他们更大的权利这样做?

事实上,如果没有那些想自杀的动机驱使,很多的山峰首登也不可能被完成。50年前,男性登山者将自己置身于阿尔卑斯山的许多著名北壁路线上,在最终完攀前很多攀登者都死去了。这种极限攀登会是男性的专属吗?在我看来,任何冒险家在感性的情绪过后都会平衡户外风险与生活中的事情。除非他要么很年轻，要么是个危险的怪物。基于理性，女性往往不会这样做。

底线是，女性有权利要求在任何户外活动中享有平等，包括那些潜在风险较大，对体能要求较高的活动。男性仍然抱怨，因为他们认为这个权利要伴随着头脑、强大的内心、激素等。在这章的后半部分，我们会讨论到户外组织为推进这个过程可以做很多事情。

女性和男性的领队方式一定不同。一个很大的错误观点就是很多男人和一些女人认为女性必须按照男性的方式来带队。当然，做领队的一些基本原则同时适用于男女，但不同的性别运用这些方法会有显著的差异。人们都倾向于表现对方不擅长的地方。

> *我最近读了一本有关女性在美国成长的书。我记得最清楚的就是作者的这个观点：女性在她们20岁至30岁之间都处在青春期的恢复期。*
>
> *如果我是在20岁或30岁读到这个，我不确信我能理解。但我现在已经过了那个年代很多年了，我很明白她所说的我们艰难地想要克服的是什么：年轻人在青春期天生的自我怀疑，来自想要证明自己的渴望，尤其来自男孩子们的认可。*
>
> *这个障碍并没有帮我成为一个好的领导。在我工作的早些年，我寻求外部指导——大多数都是从男性那里了解如何成为一名领导。这是多么耗精力、多么徒劳的事情。*
>
> *在我四十多岁的时候，不知怎么的我突然意识到我可以像一名领袖来信任自己，通过自己的经验以及我在乎和信守的东西来自如发挥。*

> *这真叫人欣慰！*
> *——埃伦·韦塞尔，舒动女性运动服饰公司董事长、美国户外休闲联盟副主席。*

一般的观察往往导致刻板的印象，任何成见都是误导。虽然性别差异对领导力的影响是显著的，但个性和风格上的差异往往和性别无关。

尽管如此，领导力在性别上的差异还是存在的，而且需要不断被认知和探索。这些差异在出生时与我们有多少，我们长大后学到了多少则是学术问题。

这里所涉及的差异并不是作为极性对立，而是沿着连续线的重点，代表个性的特征。例如，下面的图表列出了男女领队共同的五个个性特征。我注意到每个特征的两端都是另一个极端。

存在的问题

自尊自大——**处事风格**——妄自菲薄

视野狭隘——**关注点**——太不专心

一成不变——**灵活性**——信口开河

好斗好战——**处理冲突**——老好人

独立孤立——**包容性**——过分热情

无论男女，好的领导力都不能偏离这几个特征中心点太远，当然，也不应该陷入极端。对于男人来说，往往意味着处在图表左边的极端：诋毁他人经验较少；使自己过分专注于一个目标从而失去新的机会，坚持已过时的决定；未按他们的方式做事而歇斯底里；不尝试与团队成员积极合作。

当女性受挫时，她们更可能趋向图表的右端：当方向明确时她们不愿意承担责任；立刻阻止转移话题；追究大意的决定；回避应该处理的冲突；禁止团队成员过多的谈论。

以我的经验，好的男性领导力会稍微偏中心靠左一些，好的女性领导力会略微偏右。下面的例子就可以证明我的观点。

安·梅德洛克和我在结婚仅6个月后带着孩子一起进行一次露营旅行，我认为这是一次大家彼此增进感情的家庭旅行。但糟糕的是，一直都在下雨，从没停过。我所有精心策划的方案以及沿途及营地美景全变成了泥泞不堪的道路——有些脏东西甚至从脖子后面往下流。

挫折就像乌云一样堆积在我们四周，我所能看到的只是天气把我们的旅行变成了灾难。当然，这些挫折只能使事情变得更糟，尤其是当我们需要在天黑前到达一个好一点的营地时我不断催促大家在这湿滑泥泞的道路上快走。

我就用这种领队方式带了一会队伍，安疑惑地看着我，雨在她的帽子上顺流而下。然后她提醒我这次旅行的目的是大家要愉快——所以我们能做些什么可以在雨中玩得开心吗？她有很多想法，并开始付诸行动，她让我们编歌曲和讲故事。我们放慢了脚步，大家也并不在意脚下的湿滑；我们虽到不了我青睐的营地，但也有很多地方不比那差。在安的领导方式下，给大家营造了一个很轻松的环境，我女儿的男朋友罗宾·威廉姆斯一样的克隆人，稍加鼓励，就可以将我们这场湿透的长征进军"星期六之夜"直播节目。安的儿子非常擅长模仿土拨鼠，它和困在山谷中这些可怜的人说起话来。十五年过去了，我们和许多朋友还是最愿意谈论关于这次旅行的经历。

安天生的这种领导力在这种情况下是非常吻合目标的；据我

和女性相处的经验看，她处理得如此恰当是基于女性的本能。安要比我处事灵活得多，我反复折腾的计划已经时过境迁。她聚焦的是更远的目标——让大家更团结和享受乐趣，她也能有许多新的办法。而且她不像我一味地去试图阻止这根本停不了的雨，尤其在西北地区，雨更不可能停。

另一个好的女性领导力的例子是为了"地球第一！"这个激进的环境组织的精神之战。

来看看20世纪80年代"地球第一"在领导力方面的一个案例。他们在努力拯救自然破坏方面提升各种策略：给推土机的煤气罐里灌砂，破坏钻井设备，努力给树灌溉。

他们使用的战术全部处于上表中靠左的极端位置，加剧了加利福尼亚林业产业的骚乱，引来法律的制裁，孤立了其他任何支持环保运动的组织，最终结果只是仅有的少量树木得到了保护。

资深的劳工组织者朱迪·巴里，在上世纪80年代加入了"地球第一"组织。她从一开始就努力控制避免组织陷入孤立主义者的怪圈，不要有大男子主义的心态。她意识到保护环境在政治上的力量和未来一定要使这个组织尽可能包容，与伐木工之间用非暴力的策略展开合作，而不是攻击他们。环保主义者和伐木工应该是盟友，而不是敌人，真正的坏人是那些乱砍滥伐森林的跨国公司。

她从更广阔的视野看待这个问题，组织伐木工展开对话，吸纳广大会员加入"地球第一"，尤其是女性。将集团的重心转化为大规模的非暴力抗议活动，包括1990年获得了国家重视的"红木的夏天"这个事件。她展现出来的领导力和安·梅德洛克很类似，都是上表中中心靠右的区域，但又没到极端，也不失对团队的领导主动权。

具有讽刺意味的是，正如"红木的夏天"和加利福尼亚投票的倡议等类似行动，从开始到实施，巴里差点死于一次汽车炸弹的暗杀。

无论男女，都可以向对方学习。 男性和女性都需要看到他们领导风格的差异，而不是对方的弱点，以及相互学习的丰富根基。

多关注异性是如何带队的。彻底忘记自己的方式，看别人在领队时如何应对某个挑战或抓住某种特殊的机会来扭转局势，同时做好记录。如果你是男性，可以向女性学习如何在复杂和混乱情况下找到清晰的线索和方法，更耐心地处理冲突，控制自己的情绪并和自己的队员建立更好的人际关系。如果你是女性，则可以向男性学习如何制定详细缜密的活动计划，把想法变成团队规则，如何在大家面前畅所欲言。

理想的领队具备的综合特质，通常被视为单一性别的主要优势。 当你通过观察异性带队进行学习时，你会觉得自己的领导力也被拉向一个理想的中心。我知道（或至少了解）最有效的领队会在这两个区域间灵活驾驭。他们是合乎逻辑的，以及直观的。他们能够看到和其他学科以及相关的观点，可能一开始不那么相关，但他们能够持续专注、组织并关注细节。他们可以表达自己的情感并感受他人的感受，必要时控制自己的情绪。他们知道什么时候活跃气氛，什么时候守住底线。与队员交谈时以诚相待，做出重大决定时能够面面俱到。

优秀的领队会充分利用他们的每一个优势，其中一些方面已经很强了，有些则需要通过培训、实践和向他人学习来加强，包括向异性领队学习。

无论在户外还是室内，女性都充当着领导角色。 不可否认，女性在任何领域扮演领导角色都比男性面临更多的文化和社会障碍。女性在户外领队中获得的训练、经验和自信可以帮助她们改善在家庭中的地位以及拓宽在职场上的空间。男性则可以通过向女性学习她们在户外是如何带队的，可以大大帮助他们平日里如何与妻子、女儿、同事、朋友以及生活中的其他女性更好地相处。这是又一个力证说明户外领导力方面的训练和经验对各方面的影响远远超过爬山本身。

户外组织能做些什么呢？ 很多户外组织的女性领队群体都太小，非常少的女性提出申请做领队，年纪轻的女性也过于缺少年长女性作为榜样模仿。

这里有一些方法可以帮助扩大这个群体。起初，俱乐部要积极鼓励女性担当领队并参加培训学习。这种训练不是指五分钟的常规会议交流，而是鼓励她们直接参加规范的课程，利用小组学习或者一对一的模式回答她们的问题，激励她们参加领导力方面的训练和角色扮演。在这个训练过程中，户外组织可以为女性们创造一些专场论坛交流，论坛最好由其他有经验的女领队组织，这样大家交流问题和谈论一些敏感话题时会感到更自在，不像在大组中那么顾虑。

女性领队需要有她们自己的模式。户外组织可以通过邀请她们在俱乐部刊物上发表专栏文章来激发这些榜样的潜力，例如，邀请她们在俱乐部给所有人做主题演讲和分享。

俱乐部的政策也要更加鼓励欢迎女性加入到领队岗位。俱乐部需要把岗位说明进一步明确，提出对优秀女性领队的期待，不要限制她们一定要按男性的方式来做。

男性也同时需要帮助提高。俱乐部可以提供一些机会让男性们坐在一起讨论女性在领队时的表现，什么是她们真正关心的、什么是她们有成见的。男性需要将他们的观点多分享，以此来弥补由于女领队很少造成的偏见。

最后，俱乐部还需要就女性领导力话题组织一些全体人员都参加的讨论。给大家一个机会来彼此吐露心声和不满等，但最好由一名引导员带领大家一起探索出有建设性的建议和解决方案。

处理性别歧视和性骚扰

性别歧视和性骚扰在户外活动中和户外组织内时有发生。领队在觉得有必要时要及时召集个人或团队讨论如何反击应对而不要等待事态升级。下面的这些指导意见都是从有类似遭遇的女性身上搜集到的经验总结。

我这里引用的"性别歧视和性骚扰"的术语是广义的，包括职场和军队领域都这么说。性别歧视行为可不全是指和性有关的，包括通过语言、举止反映出来的认为女性无能或地位卑劣的任何成见。性骚扰不仅包括身体上的强迫靠近或触碰，而且包括冒犯和性暗示语言。

尽管性别歧视行为毫无疑问是户外领队们遇到的最普遍的一类偏见，甚至是最难的一类。以下的建议针对性别歧视行为的突出特点而给出，这包括不同形式的成见，例如种族歧视和对老年人的歧视。我推断年轻的领队遇到比自己年龄大的队员时更会束手无策。

对相关迹象保持警惕，随时准备反击。如果你是个女领队，在徒步刚开始时若听到有男队员取笑队友身材娇小背不动包，或者鼓动她们可以不背等等，你要知道你已经遇上了麻烦。

视情况对冒犯者进行回应。如果歧视行为不那么明显或者是无意的，你可以在一开始选择忽视。但针对这些行为的一些灰色地带，视性格和环境差异，你可以采取不同的应对措施。

但无论如何也不要熟视无睹。比如你可以通过扔东西制造些动静表达不满，来获得歧视者的尊重。

如果你感觉到这些侵犯并不是无意的或者轻微的，尤其是愈演愈烈时，你绝不可以坐以待毙。你的容忍是对自己领导力的直接挑战（我们跟随这样的领队绝没有希望）。

让这类行为不断滋生发展会严重影响到你的威望，这不仅会影响团队的士气，而且团队还会对你的领导力失去信心。这种情况下，你别无选择，只有回击，而且越快越好。

回击冒犯者。在途中，回击冒犯行为的最好方式就是冷静、直白地进行阻止。（"你以为你对我的评价很有意思，但我觉得反而是一种侮辱，请住嘴。"）

但这还不够。要确保让冒犯者明白他的行为不仅是对你个人的不尊，而且是极其不负责任和危险的信号，因为这降低了你的权威。你的处境很像一个乘客大喊大叫在质疑飞行员的能力，怀疑他无法驾驭飞机。如果危机在途中升级了，责任就在你了，而不是他，队伍对你领导力的信心会演变成关键的安全因素。

告诉冒犯者如果他对活动有什么特别的意见，可以当众讲出来。如果没有，就请闭嘴。如果发生在活动刚开始，除非他承认错误并认可你作领队，否则他最好让他退出活动。

还有个好办法就是在一开始回应冒犯者时取得团队其他成员的注意。如果你看到其他成员也已经意识到有些出格的行为时，这时你就不要犹豫，可以公开地进行回击。关键点是不要在如何处理上犹豫，而是要稳固住自己的领队地位。

冒犯者通常不喜欢这种冷酷的、直接的回击——必定他们已经习以为常了。但这样做的意义至少会扭转当次活动的局势。

如果冒犯得不到制止，你恐怕只能停止活动直到获得团队其他成员的支持。这种强烈的、直接的回击只会增强你在团队成员眼中的威信。团队给冒犯者带来的压力会使问题得到解决。如果冒犯者隶属于某个户外组织，告诉他你将正式投诉他。

作为领队，当遇到性骚扰等事件时，请采用上述的方法及时地、明确地进行回击，之后第一时间向自己的组织报告。

很多户外组织不乐意对性骚扰和冒犯者采取强硬措施，以防扩大负面影响。有时这种纵容来自于对"惯犯"的容忍，有时就是因为组织不想去惹麻烦从而低调处理了，这样的做法只会让这些冒犯者更加肆无忌惮。

有时当女性被侵犯后，她们羞于反抗；就像很多组织一样，她们想避免麻烦和尴尬。尤其是这些高强度户外活动还基本属于男性主导的情况下，她们保持缄默是因为她们担心抱怨后会危及她们作为"帮派中的一员"的受欢迎程度。

如果这是个问题，那么你需要端正一下自己的态度，而不光怪冒犯者。在这些情况下面对性骚扰提出反抗是需要勇气的。但是组织必须出面来处理这些行为并表明态度，否则只会让会员离去并带来更多负能量。

学着去带队

女性领导力

- □ **一个男性的世界？** 女性也可以像男性一样成为一个好的领队，好的领导力基本原则对两性都是适用的。
- □ **女性和男性的领队方式截然不同。** 不同性别的领队都更倾向于另一方不擅长的领域。
- □ **无论男女，都可以向对方学习。** 男性和女性都需要看到他们领导风格的差异，而不是对方的弱点，以及相互学习的丰富根基。
- □ **理想的领队具备的综合特质，通常被视为单一性别的主要优势。** 优秀的领队会充分利用他们的每一个优势。
- □ **无论在户外还是室内，女性都充当着领导角色。** 女性在户外领队中获得的训练、经验和自信可以帮助她们改善在家庭中的地位以及拓宽在职场上的空间。
- □ **户外组织能做些什么呢？** 为了提升女性领队的处境，可以做如下事情：
  - 俱乐部要积极鼓励女性担当领队并参加培训学习。
  - 为大家共同创造一些特殊的论坛交流，可以一起也可以分开，对偏见问题探索出一些可行的解决方案。
  - 扩大优秀女领队的榜样效应。
  - 明确地欢迎女性成为领队，清楚地表明，女性没必要像男性那样子去带队。

学着去带队

处理性别歧视和性骚扰

- ☐ 对相关迹象保持警惕，随时准备反击。
- ☐ 视情况对冒犯者进行回应。
  - 如果歧视行为不那么明显或者是无意的，你可以选择忽视。
  - 但无论如何也要有所反应以获得歧视者的尊重。
  - 如果你感觉到这些侵犯并不是无意的或者轻微的，尤其是愈演愈烈时，你绝不可以坐以待毙。你的容忍是对自己领导力的直接挑战。
- ☐ **回击冒犯者**。在途中，回击冒犯行为的最好方式就是冷静、直白地进行阻止。
  - 要确保让冒犯者明白他的行为不仅是对你个人的不尊，而且是极其不负责任和危险的信号，因为这降低了你的权威。
  - 要当众回击冒犯者，如有必要，要重申你的领队职权，并通过队友给他施压。
  - 如果冒犯得不到制止，你恐怕只能停止活动直到获得团队其他成员的支持。
- ☐ 作为领队，当遇到性骚扰等事件时，请采用上述的方法及时地、明确地进行回击。之后第一时间向自己的组织做一个正式的书面报告。

第六章　制定最佳决策

全面的思考、常识和直觉是做出良好决策的关键因素。优秀的决策者通常会用到这三类因素。但绝对没有堪称完美的决策，只能用你在成功或失败中获得的经验来提高你之后每一次选择的成功几率。

特别是当你在时间紧迫、优先级别难以抉择、心情激动时，或者甚至可能在渴望得到一顿美餐时，都会非常容易产生草率的决定。

1963年哈佛大学的学生们攀登麦金利峰的北壁，从被制图者布拉德福德·瓦巴姆称之为"人间最伟大的悬崖"的中间部位进行直线爬升。我们在山上缓慢行进，躲过了许多次雪崩，等待暴风雪的结束。我们用了两天时间从相对较简单的一面下山，随后绕行到我们位于彼得斯冰川的最初营地。从这里，我们直线穿过一片冻土地带直到我们的运输车那里。

一个月前，我们花了三天时间进行打包和准备并到达营地。此时，我们满脑子都在想着牛排和热水澡，我们用了两天再次穿过了蚊虫密布的野外。当我们在傍晚到达麦金利河时，我们可以在远处不到半英里远的地方看到我们的大众汽车。

根据一天时间段的不同，像麦金利河这样的冰川河流，水位变化非常大。在这种情况下，太阳在刚刚到下午的时候会将阳光照射在山峰的北面，融化冰雪形成融雪水汇集成奔流的小溪涌入河中。也就两个多小时的时间，这汹涌的河流便涌向我们两天后将要达到的河堤。因此当我们最终到达那里时，已经变得洪水泛滥了。

像穿越麦金利这样危险的河流，一项基本原则是——等待水位变低。对于我们来说，这意味着要等待7到8个小时。一旦太阳消失，山上的冰雪将会再次冻结，雪融水的流量将会降低一半。我们即将渡河的位置，将会在清晨变到最低水位。此时，最明智的方案就是在河堤补个觉，休息一下，并在破晓前进行渡河。

但这是在非常理性的条件下才会有的选择。我们记得麦金利公园酒店的经理，一位有些许魅力的男人。他公开打赌哈佛登山队一定不能从北壁进行攀登后还活着回来。如果我们"愚蠢地"胜利了，他保证将为我们所有的牛排餐买单。如果我们到达我们的运输车处，就只离他的这个酒店不到一小时的路程了。我们仿佛都能闻到那些牛排的味道。

我们注视着在身旁奔流的河水，洪水几乎腰齐深，并且流速很快。河水咆哮的巨响致使我们只有向对方大声喊叫才能互相沟通。我们应该怎么办？

我们都是二十出头的年轻人，刚刚完成了世界上最高的也是最危险路线的攀登。我们坚不可摧，不可阻挡，并且我们想要得到我们的牛排。等待水位线下降固然是谨慎的选择，但我们并没有这种耐心去等待。我们决定此刻就渡河。

我们在河岸边的树上砍了一些树枝作为保持平衡的杆，以一个队三个人，两个队两人的方式进行结组，准备开始渡过这条由 11 条辫状河川形成的河流。制作的平衡点，加上我们背包的重量，帮助我们没有发生意外的稳步渡过了十个溪流中的第一个。

汉克·阿布朗斯和我是到达最后一个辫状河的最后一组。汉克在就要渡过河流时跌入水中，而此时我刚刚开始渡河。几乎在同时，我踩进了一个其他人都没有踩到的坑里，失去了平衡被拖了下去。我挣扎着使自己的脸部露出水面，不至于使自己窒息，但我的背包就像一个致命的锚。汉克此刻就在远处的浅滩，连接着我们俩的某段绳子已经从他的脚上脱落，并将他向后拖过砂砾堤，拉向激流中。其他人此刻都离我们太远了，无法对我们进行施救。在接下来的三十秒里，要么拉着的绳子将我摆到远处的浅滩，要么我也会将汉克带到水里——这样我们都会被淹死。

汉克在浅滩上手脚并用，拼命地尝试稳定住他的身体，但是这周围既没有半棵浮木或大石头，而他已被一步步地拖向浅滩的边缘。此刻的我非常无助，一会儿撞到河堤的石头上，一会儿又被冲起来在河面上乱抓着喘几口气。

当汉克制动着并还差最后几英尺就要掉进河里时，我撞到了远处的一个浅滩上。我遭受重创，喘着粗气，躺在冰冷的砂砾上，感觉无数的伤口和擦伤刺痛着我。但不管怎样，我的骨头没有任何损伤，并且在喝下一杯热茶，换上干爽的衣服后，我的身体开始慢慢恢复温暖。

我们驾车 28 公里到达麦金利公园酒店，走向那几乎让我和汉克丧命的牛排。当我们中的七人吃完了他们以前双倍食量的晚餐后，那个可怜而又失败的经理，对这座山没有终结我们表示非常失望。

> 只有将人们带到户外，在一个真实的环境中，让他们自己面对真正的挑战，才能真正训练他们在户外做出最佳决策。当他们做出了愚蠢的决定时，或者如果他们是基于"希望"或"信念"去解决事情而失败时，他们将会很快学会。而当他们遵循实际情况进行决策，他们就会获得成功。
> ——保罗·佩佐尔特，国家户外领导力学校创始人

我时常会想起身处汹涌洪水中的绝望时刻。回顾那一刻，我可以将决定在高水位横渡河流这件蠢事归为年少轻狂，但这是回避问题。如果，当我坐在远处的浅滩上，想着那些牛排的时候，我们已经经过足够的决策技能训练来平息我们的鲁莽，专注于各种可能性，更多专注于思考我们应该去怎么做，会是一种怎样的结果。当然了，我们还是会故作勇猛地向前行进，但我们也有很大的可能不会这么做。

我们犯的错误只是普通错误。也许更多的人，在户外环境里

因为比我们更不明智或者更加没有经受过培训,而使自己陷入潜在的危险境地。客观地讲,不管你身处何处,即便是老手也无法保证不做出愚蠢的决定。

在那次阿拉斯加的经历以后的三十余年里,我在户外、在越南、在联合国,以及在我的私人生活中都做出过许多巨大的决定。这些决定有些非常好,有些也不妥当,但是我从中一直吸取教训。这里有一些忠告,我真希望当我还年轻的时候,坐在那麦金利河浅滩的石头上,思考是否要为牛排而冒险时可以知道这些道理。

在制定决策前进行评估。制定决策可以使你将事情想在前头,做事具有突破和创新,甚至有时候还能提前预测你的各类计划。由此将完全没有必要在遇到困难时举棋不定。

到了营地后,如果我们对麦金利之旅中会遇到的水位的重要性进行提前预估,我们就很可能可以轻松地在一个很低的水位穿行过去(我们是否会遵守纪律这么去做则是另外一回事儿了)。

如果天气预报广播,或者你的天气预测表示,前方有风暴在向你靠近,你就可以提前进行思考并决定晚上在哪里安营扎寨。比如,考虑在山脊的哪一侧可以找到树的庇护,或者在哪里搭个天幕更容易使你的野餐区域更加干爽。

你需要在有效的时间内来制定计划。这句话的意思不仅仅是指留意时间流失那么简单。有时候做决定太快会和做决定太慢一样导致一些状况的发生,特别是在非常不定的条件下很多因素都是瞬息万变的,比如天气。

在规划决定时,最佳行动指南如下:

- 统筹考虑你的安排。你要估计好活动结束的最晚时间,到时你必须结束你的活动,并且要考虑清楚一切保障措施。(比如是返回车中,还是到达指定集合地点,或者能够避免在天黑后发生其他问题。)

- 确定好时间，这将会实现你提前考虑的那些选择。
- 之后，用活动结束的最晚时间减去完成任务最多所需要的时间，来确定你必须做出抉择的最晚时刻。

举个例子，比如，你正在带领一支队伍攀爬一座中等难度山峰的顶峰。在第一天结束的时候，你将队伍带到山脊上的普通露营地，尝试进行第二天的登顶。然而当你早上6点醒来时，周围已经完全变成了乳白天空，基本上伸手不见五指。如果这种情况持续下去，就没有任何理由再去尝试完成这次攀登。到时你还要面对一系列寻找道路的麻烦，特别是从峰顶下撤的路线，你基本无法看清。

当你的所有队员吃完早餐，收好帐篷，背上登山装备时，已经是上午7点了。你知道必须要在下午6点到达你停车的位置，在乳白天空的情况下你从营地至少也要用4个小时。你也知道，即便天气变好，登顶后再下撤到停车地点后也要花费9个多小时。运用上述的制定决策战略，用你计划结束活动的下午6点减去9个小时，也就是说，截至上午9点，你还有2个多小时来决定是否继续尝试登顶。在达到你计划的活动结束临界点前，都是可以等待乳白天空的消散的。接下来你就很好进行决定了：照常行进，还是撤退，都取决于上午9点时的天气情况。

尝试使用这个决策战略。然而大多数的户外决策都是无法被预测的，或掌握不好某个时机而被减弱决策效果。多少年来，我都在观察有经验的户外践行者，包括我在内，做出各种复杂的决策。从这些观察和经验中，我总结出了一些对所有人都适用的策略。

- 第一步是先停下来——深呼吸一口，遵循自己的想法；
- 对各种选择进行初步审视；
- 寻找非常规的选项，全方位进行思考；
- 从各类选项中找到你可以找到的最佳信息；
- 利用这些信息来明确每个选项的利弊；
- 权衡这些利弊，从而对他们进行比较；
- 选择利大于弊的选项；
- 落实这一决策；
- 随后根据你得到的新的信息来修正你的决策。

> 搜救行动有时需要做出生死抉择。例如，雪崩救援，如果被埋的人没有佩戴信号发射器，而你也没有带救援信号接收器，你必须亲身用一种叫做雪崩探测器的手持长杆来探测被埋的人。使用这种探测器所要付出的代价是，如果你探测深度超过2米，那么要比进行浅一点的探测花费更多时间。
>
> 我们通过统计学方法得知，如果一个人被雪崩埋在底部，通常会对身体造成冲击伤害，这比埋在近表层的人生存几率更低。因此你会在进行较深的探测的时候浪费大量的宝贵时间。
>
> 这是关乎几率的抉择。命令你的队伍不要探测超过2米深，等于对超过这个深度的被埋者，宣判了死亡。
>
> 陆地搜救也同样如此。你集中资源在最有可能的区域。这是没有问题的，但是你可能在某些小几率区域，落下某些人。
>
> 一名领队必须有勇气制定这种决策。你制定决策，随后执行决策。不可瞻前顾后。

——蒂姆·奥格，公共安全专家，
搜索与营救，班芙国家公园

我知道你不会在户外用铅笔和纸做决定，或在暴风雪中在膝盖上托着便携计算器计算几率。而通过经验的积累，这种制定策略的战略（decision-making strategy）方法将会变得天衣无缝——明确选项、权衡利弊，最后进行选择。

为了让你更清楚这种方法是如何运作的，我将慢慢道来。但在现实世界中，这种方法越快运作越好。如果给你的决策时间很短，就像常在户外领队时的情况那样，你可能必须在几分钟或几秒钟内就完成这些决策，要在有限的时间内做得最好才行。

你可能需要像我们大多数人这样，更多地训练自己的思维，这样才能让策略为你所用。事情的结果可以评判你的努力。而当你习惯了这一过程，决策起来将会更加快速简单。在这里，我们放慢步骤，看看这一决策是如何运作的。

第一步是先停下你正在做的事情，尽可能让自己先冷静下来。默数到10，深呼吸，接下来会发生什么取决于你意识的集中程度。

对你的一些选择进行初步审视。假设你正在一个自然村落带领一次徒步，这条路通往一个跨过水流很急的小河的独木桥。独木桥看起来很滑，目测没有其他可以代替这条通道的地方，你应该怎么办？此刻，你有两个选择：

- 冒风险穿过独木桥。
- 找一种更为简单的方法穿过。

寻求非常规选择。你是否漏掉了什么选择？迄今为止，你都用传统思维在思考。你如何能延伸到对最佳选择的思考？

在生活中，我们大多数人都倾向于用思维定式作为决策的方式。我们都倾向于遵循脑海中同样的办事清单，依赖于熟悉朋友的建议，依靠标准书面资料，并且归纳我们早先的经验。这些都是十分合理的，因为我们的常规模式在90%的情况下都是很有效的，这让我们有足够理由依靠这些模式。但问题在于剩下的那10%。视线转移到那湿滑的独木桥，你需要超越你所知道和信任的思考模式。在任何可以挖掘自我潜力的环境下，学会发展自己的全方位视角。

想想《星际迷航》，企业号飞船面临一些错综复杂的危机时也会有实际的抉择。船员尝试运用常规方法（比如向坏人发射光雷导弹），但要么不管用，要么让情况变得更糟。最终船员中的其中一个人打破规则，用了一些完全异乎寻常的方法——并且获胜了。

一个不错的经验法则是，不管你有5秒还是5个小时做决定，都用差不多一半的时间来筛选常规的选择——那些显而易见的或以前你用过的或者看到他人使用的。接下来，无论你觉得你得到的结论有多好，你都要有意识地将你的注意力从常规向非常规进行转换。有哪些不同寻常的，或者有哪些你循规蹈矩办事情时总是忽略或排除的，可以成为解决这次问题的办法？

数年前，我在阿拉斯加的一次观鲸之旅中，当时我和其他两人一起乘坐佐迪亚克号（Zodiak）外出，佐迪亚克号是一艘小型的用外挂马达的橡皮艇。当其中一只鲸鱼在我们前面浮出水面时，坐在船尾的朋友让油门减得太快了，使这艘小船进了大量的水，并开始被淹没，我们只有10秒左右的时间来进行排水，否则我们就得游泳了。我们花了几秒时间在船中寻找是否有可以用来

排水的容器,然而并没有。花再多时间寻找不存在的容器简直是徒劳。还有什么可以容纳水?双手捧水显然太小了,帽子又太容易漏,但我们都穿着橡胶靴。我们每个人都脱下一只靴子,像疯了似的向外瓢水。船不一会儿就干了,而我们付出的代价也仅仅是两脚冰冷而已!

话题回到湿滑的独木桥。在这一事件中,你的问题不是你最初看起来没有什么办法(就像在佐迪亚克号船上的例子)。你至少有两种办法。但它们是最佳的吗?你是否漏掉了哪些办法?

阳光明媚,河流很急但也许适合涉水通过。在河流的另一端是沙砾堤,你有一条攀登绳,可以让其中一位强壮的队员拿着一头绳子在对岸的树上固定并拉紧,从而做出一个可供渡河用的路绳。接下来,大家可以脱下靴子,卷起裤腿,涉水穿过河流,并在远处的岸边吃着午餐,晾干自己。有何不可呢。

在每个方法中,都尽可能找到最佳信息。现在你有三个办法,下一步就是在可能的时间内,尽可能多地获取信息。此刻,你需要问一些关键问题,每个问题都指向一个重要的不可预知项。这里全方位视角再次派上了用场。

- 跌到独木桥下的可能性有多少?
- 跌到独木桥下的最坏结果会如何?
- 是否有其他好的穿越途径?
- 如果你选择涉水渡河,渡河难度有多大?
- 即便是安全的,是否会有一些会员在穿越独木桥或者渡河时感到恐慌?
- 你是否时间紧迫?

现在你需要回答这些问题。15 分钟后你得到结果如下：

- 独木桥真的很滑，非常有可能跌下去。
- 跌落的结果，有可能是稍微泡在水中一下，并有点擦伤。有扭伤脚踝的风险，但不太可能溺水。
- 再向上游走 100 米左右似乎有一个更宽—往那里的路遍布着灌木丛和荨麻。
- 渡河也许会很刺激，同时也可行。最坏就是泡在冷水中一下。
- 某个没太多户外经验的人也许对过独木桥和渡河都感到恐慌，但是相比之下把他从水中捞出来将会更容易一些。
- 你很好的提前完成了计划，这也不会使你感到有时间压力了。

用这些信息来明确每个选项的利弊。如果你把它写在纸上，它看起来会是这样的：

选项 1：通过独木桥

风险	益处
有人也许会跌落并受伤	你可以跨过河流
有人或许会恐慌	

选项2：选择其他途径

风险	益处
艰险的丛林穿越	你可以跨过河流
也许有人会跌到并受伤	
造成30分钟的延误	

选项3：渡河

风险	益处
有人也许会跌落河流	你可以跨过河流
有人也许会恐慌	相对安全，有探险的刺激感并感到快乐
造成45分钟延误	一次很好的经历

为了能够比较他们，给每项风险和益处都分配一下权重。比较风险和益处也许看起来就像是比较苹果和橙子。你如何将艰险的丛林穿越所带来的风险，与相对较安全可靠的跨过独木桥所带来的益处进行评估，延迟的判断又会给跌落增加多大几率。

处理这类比较型问题的唯一方法，就是像股票及经纪人、保险分析师、以及专业赌徒每天做的：对每个风险和益处进行权重。权重主要看两个方面：

1）某个风险或益处将会发生或确实存在的几率。（队员会在第一个独木桥上摔下来的可能性有多少？第二个桥更安全吗？）在做户外决策时，用选项1（低分）到选项3（高分）通常足以粗略评定其可能性。

2）你附加在每个风险和益处的相对重要程度。（涉水时摔倒会有多严重？尽快越过这一河流对我们来说到底有多重要？）依然用选项1（低分）到选项3（高分）来评定相对重要性。

权重＝可能性 × 相对重要性。非常有可能发生的风险和益处（3）和较高的重要性（3）得到一个高的权重（9）。那些不太可能发生(1)和不怎么重要的行为(1)，得到一个低的权重(1)。你可以根据你的喜好利用更细致的量表划分（比如）来对这些分析进行调整。

用你已经研究出来的办法评估可能发生的事情。如果有时间的话，通过与你队员进行谈话，或凭借你自己的感觉来对每个风险和益处进行相对重要性的评估。当你在过独木桥这件事情上运用这个办法，整个构架看起来会是这样的。（P= 可能性，RI= 相对重要性，Wt= 权重）：

选项 1：通过独木桥

风险	P RI Wt	益处	P RI Wt
有人也许会跌落并受伤	3×3=9	你可以跨过河流	3×3=9
有人或许会恐慌	1×2=2		
	总计 11		总计 9

选项 2：选择其他途径

风险	P RI Wt	益处	P RI Wt
艰险的丛林穿越	3×2=6	你可以跨过河流	3×3=9
也许有人会跌到并受伤	1×3=3		
造成30分钟的延误	3×1=3		
	总计 12		总计 9

选项 3：渡河

风险	P RI Wt	益处	P RI Wt
有人也许会跌落河流	1×2=2	你可以跨过河流	3×3=9
有人也许会恐慌	1×2=2	相对安全，有探险的刺激感并感到快乐的经历	2×2=4
造成45分钟延误	3×1=3		
	总计　　7		总计　　13

　　选择益处远远大于风险的选项。在这种情况下，选项 3 看起来是最好的，因为它有其他选项所不具备的两点益处。虽然这一选项比其他两个有更多风险，但却都不是那么的严重。

　　但要注意不定因素。你赋值的相对重要性是你制定决策的核心——并完全取决于价值取向，这在不同的团队中都有很大的变化。这种情况下，你的决策也许会有一些不同，比如，你带的团队声明他们希望不惜一切代价也要避免弄湿自己，但他们并不介意丛林穿越。对他们来说，选项 2 也许是最佳选择。而如果你面临时间上的压力，那么选项 1 可能是最好的选择。

　　再次声明，我不是建议在那种情况下，你还带着本子和笔进入灌木丛。我在这里倡导的是一种决策的思维方式，对选择方法、思考非常规方法、思考利弊——然后对可能性和相对重要性进行权重。

> *1984 年，在珠峰的北坡，我们拥有八名非常优秀的登山者，有些人来过珠峰但没有成功登顶，有些人是初次来此地。我们清楚这次旅程中，他们只有三人可以到达顶峰，而其他人则必须担当起支援队的角色。*

> 我必须决定把谁归到登顶队伍中，我和所有人进行了交谈。有些人觉得年轻登山者应该把握这次机会，因为年长一些的人已经有过这种经历了。其他一些人觉得那些之前到过珠峰高处的人将会有更高的成功几率。我也赞成让有经验的人进行尝试，即便这意味着要把我自己的儿子也排除在外。
>
> 像这样与大家交谈并做出决定是非常重要的。如果时间允许，和他们一一进行交谈。你必须探求大家的内心想法。如果你这么做，那么当决策制定时，你将有更好机会来使队伍更具凝聚力。这样大家可以更好地明确自己的角色，包括支援角色。从而可以更好地凝聚他们，让他们做得更好。
>
> ——卢·惠特克，攀登者/向导，雷尼尔登山公司董事长《卢·惠特克：一位登山向导的回忆录》作者

最基本的是，这套系统是指如果任何选项的益处和风险都具有可能性且很重要时，那么在做出决定时要着重考虑。如果任何风险和益处看起来不那么重要，并且没太有可能发生，那么可以无视它。

执行决策。制定决策流程的最后一步和高尔夫挥杆一样——用力随球而出。我曾目睹过即便选择了正确的决定，但从未有效地进行表达，也未付出行动，而使得伟大的决定却未带来好的结果。

根据新的情况来调整你的决策。特别是在户外，情况的变化是非常快的。当你的决策正在执行过程中，要善于进行适时的调整。好的领队根据掌握的新信息和观点来适时调整计划，但他们不屈服于压力，他们也不会迎合他人或避免冲突。在渡河的例子

中，你可能会发现有一个河道太深了以至于无法涉水过去，这就是一个找其他办法的合理理由。但如果河流是适合涉水过去的，但有人依然滑倒并跌落水中，而使他人有些犹豫，这需要施以援手，而不是撤离。

决不让任何决策系统工具为你制定最终决策。利用系统性思维来帮助你整合并权重选项、风险和益处是至关重要的。但一定不要变得死板。任何系统工具都不应该为你做出决定。想想电脑术语中的无用输入，无用输出。如果分配给风险或益处的权重错得厉害，那么你的决定也将错得很严重。

这里有两个有用的制衡机制。第一个是问一下自己想做的是否在常识范围之内。我们都有过"只缘身在此山中"的经验，基于完全错误的前提形成的具有内部一致性的思维模式。

第二个制衡机制是要给非理性怀疑留有空间。倾听你的直觉，尊重你的预感。这也是使制定决策具有一定艺术感的地方。

有些被人们称之为直觉的东西，实际上都是在无意识的层面被我们挖掘到自己积累的经验中。这些以前记忆中微妙的存在促使我们即便在天还蓝的时候就感觉要变天，或者让我们知道目前我们跟随猎物的足迹将永远不会回到河边，或者我们能够确定，我们攀登的岩石上方有一些可以攀爬的裂缝。我们可能无法完全确定这些知识的来源，但它还是具有一定说服力的。

但有些直觉并无法通过记忆或积累经验获得。更多的还是依靠本能——有些事情就是感觉是对的或错的。有一个穿越充满冰裂缝的冰川的绝佳例子，在那里几乎每一步都需要做出如何行走的决定。有很多理性的行动可以被制定，比如看一下冰川上裂痕的状况，或观察阴影处或者冰川融化形式中的细微不同。但无数次，有经验的登山者不是靠任何线索的指引，而是靠他们的直觉来决定向左走，还是向右行进，或者撤回。

你无法在这本书或者其他任何书中学到直觉的能力，但是这并不意味着直觉在进行决策或带领队伍时就不重要。通过观察有经验的领队如何平衡才智和直觉，你能领悟更多。但如何用最好的办法来学习识别、相信和利用直觉，就要通过自己的逐渐积累。特别在户外途中，无论你是否遵照直觉行动，都要持续记录你的直觉。在你印象中，有多少次你的直觉是正确的；有多少次则根本不是直觉，而是疲劳或恐惧造成的。不断地保持记录，你会建立起认识和相信自己内心深处声音的信心。

如果你尽力了，就不要后悔。在下一次，同时利用你成功和失败的经验来提升你的制定决策能力。从来就没有什么完美的决定，利用可行的办法，尽可能做到最好。你不可能找到所有可以决定未来的因素。

> 在攀登阿空加瓜山时，我们有5天时间来应对恶劣天气。有一年我们用了五天中的三天时间，被困在我们处于5700米的帐篷里。在第二天早上的三点钟，也就是决定是否前行的这一天，我断定这天气对于尝试登顶来说，实在是太糟糕了。然而当我们7点钟起床时，却变成了绝佳的攀登的天气。我们可以清楚地看到另一队人正在他们登顶的途中。
>
> 在这种情况下你也只能一笑而过。你用所学经验和所积累的经验做出最好的决策，有时你会猜错，有时你会搞砸（在这个事件中，我得到了死缓；第二天也是一个好的天气）。
>
> ——彼得·惠特克，攀登者/向导，巅峰探险旅行公司

学着去带队

做出最佳决策

- [ ] 在制定决策前进行评估。
- [ ] 你需要在有效的时间内来制定计划。做决定太快和太慢同样糟糕,尤其是在瞬息万变的情况下。
- [ ] 尝试下列决策制定策略。
  - 第一步是先停下来深呼吸一口,遵循自己的想法;
  - 对各种选择进行初步审视;
  - 寻找非常规的选项,全方位进行思考;
  - 从各类选项中找到你可以找到的最佳信息;
  - 利用这些信息来明确每个选项的利弊;
  - 权衡这些利弊,从而对他们进行比较。权重 = 可能性 × 相对重要性;
  - 选择利大于弊的选项,但要考虑不定因素;
  - 落实这一决策;
  - 根据你得到的新的信息来修正你的决策
- [ ] 决不让任何决策系统工具来为你制定最终决策。
  - 问一下自己无论想做什么,是否在常识的范围之内。
  - 倾听你的直觉。无论你是否运用直觉行事,要通过记录你的直觉学会相信它。观察经验丰富的领队如何权衡脑力和直觉之间的关系。
- [ ] 如果你尽力了,就不要后悔。在下一次,同时利用你的成功和失败的经验来提升你的决策制定能力。

第七章　关怀领导力

如果你仅仅因为关怀在一系列看得见摸得着的领导事务中显得微不足道而就此认为关怀不是一个领导的事情，那么最好再次思考一番。一个好的领队不仅仅要对所带领的队员进行关怀，而且还应将每一次的旅程和时间看作帮助人们学习和成长的一个机会。

户外环境中的关怀与其他情形所指的关怀是一样的：它是一种主动将自己置于他人角度，富有同情心，优先考虑他人的一种行为。

在你处于领导角色的时候，应该将下列的关怀领导力特质应用到实际的工作中。例如：

你带领一个徒步团队穿越一片老林子，虽然这片林子的地形非常平缓，但是道路状况却非常差。作为领队的你有点担心团队可能会晚于原计划到达营地，并伴着昏暗的灯光搭建帐篷，准备食品。随后你将这个顾虑告诉了团队，并希望他们能够加快行进速度。

在距离目的地还有 3000 米的时候，需要通过一个泥泞的老路段，这段道路位于河流之上一个约 4.5 米长的陡峭斜坡上。你前面的队员在通过斜坡的时候已经踩出了一个不足一脚宽的小道。小道虽然有些悬空，但是看起来足够安全，你带领着队员通过这个路段。所有的人都轻松地通过了，唯独汤姆。

当你回头看的时候，汤姆位于横切路段的最远端，并且非常的害怕。团队中其他人的呼喊声以及鼓励的方式似乎只能让汤姆更加的尴尬。出于关怀与本能，你内心的声音告诉自己要加入到"你可以做得到"的叫喊声中，并寄希望汤姆能够自己跳出恐惧状态，进而采取相应的行动。

但是一个来自内心的声音却让自己朝着另外的一个方向思考"跳出自己的角度，并站在汤姆的角度来考虑问题。"

此前我并没接触过汤姆，但是从和汤姆的几次电话中自己能够察觉到汤姆是一个小心谨慎的人。此次的徒步旅行可能是汤姆此生中最富探险意义的活动了。

站在汤姆的角度来考虑问题，通过你对他的了解和询问，你察觉到恐惧让汤姆处于一个无比沮丧和尴尬的境地。除此之外你还意识到如果汤姆在此次的旅行中铩羽而归的话，也许他再也不会选择到户外了。因此，此时此刻对于汤姆而言意义重大，而不是极力地向他抱怨大家可能会要因此而打着手电筒吃晚饭。

你大声地告诉汤姆坐下来，并趁机休息一会。然后你让其余所有的团队成员都聚焦在问题本身,而不是去批评汤姆。尽管如此仍有一些人嘟嘟嚷嚷地议论着,但是团队中大多数的成员都对自己的建议表示赞同,此后不久团队就形成了一个方案。

你和另外一个有经验的队员艾莉丝,重新返回到了横切路线的另一端。和汤姆一起坐了下来,并倾听他的所思所想。你对汤姆说,你完全理解他的恐惧,因为这是他第一次在如此艰难的地形徒步。你和艾莉丝告诉汤姆,当情形超出自己能力的时候我们都会退缩几步。

当感觉到汤姆稍微平静了一些之后,你告诉他说你有一个方案。汤姆越是害怕恐惧,细节陈述就显得越为重要,恐惧的人能够从克服恐惧的具体方法中得到很大程度的舒适感。你告诉汤姆你会第一个走上横切路线,用你的左手拉着他的右手,然后他再用他的左手拉着艾莉丝的右手。这样你们三个结组一起通过横切区域,所以他也就无需靠自己来通过,这也是他最为恐惧的地方,最后你再回来去取他的背包。

你们三个人在路线安全的地方进行相关的动作练习,直到汤姆认为他做好了准备,然后你先走。那天晚上你和汤姆之间利用了一些平静的、私人的谈话完成了自己作为领队的职责,并确信汤姆不存在什么问题。当他对你表示感谢的时候,汤姆对你的感谢有很多,而不仅仅是带他回到了营地。

关怀领导力指的是:
- 设身处地站在他人的角度来思考问题,并敏锐地察觉他人的需求。

通过和报名者的电话沟通对活动的参与成员有一个大概的了解，并在随后的活动中进行一个非正式的谈话。没有必要打扰活动对象，但是要尽自己所能地多了解一些有关活动对象的个人特质、风格以及喜好之类的信息，敏锐地察觉人们的需求，尤其是针对那些可能会发生的问题。在之前的这个例子中，当你需要对汤姆进行帮助的时候，得知他是一个谨小慎微的人，这个信息会有利于你后续采取的行动。

你需要对汤姆所处困境中的每一个元素都要保持警觉。也许对于你而言横切路线是一个微不足道的事情，但是你必须采取全身心的关注来感受汤姆可能会遇到的恐惧、挫折及窘迫的心情。而且你可能会明白对于惊慌失措的人而言对于未知方面的恐惧远远胜过他们所知晓的恐惧，鉴于此种情况你就要对于你所提供的解决方案要尽可能详细地进行描述。

- 脆弱一些。将自己置身于别人的处境下常常意味着要和他人分享自己的人生经历。和汤姆分享一些过去自己有过恐惧的经历，对自己来说可能存在着几分尴尬，但是这份分享却可能会让汤姆放松下来。
- 倾听。以两种方式来进行关怀沟通。没有其他关怀的方式能够胜过主动地、不加判断地倾听。不加评判地让汤姆说出他的恐惧将会减轻他自身的窘迫感。
- 将关怀落实到行动中。仅仅有意愿是远远不够的。汤姆对于身体方面的挑战是如此地恐惧，而且此时的他变得几乎不能行动。你此时所需要做的就是迅速采取应对策略，并描述细节，进行练习，从而最终实施它。
- 采取后续的措施。关怀指的是建立并保持一种联系，而不是一两个简单的举动。你的角色对于汤姆而言不是一个高高在上的权威，而是一个忠实、慷慨的朋友。活动当天晚上再次地关注汤姆，从而让汤姆明白你对待此次事件的态度并不仅仅是将某人从暂时的困境中解脱出来。汤姆此时非常地欣慰，因为你能够认识到所发生的事情对他而言异常重要，以及你此时对他表现出了足够的关心。

- 放下自身判断。关怀也就意味着要容忍他人的弱点、缺点和不足。汤姆在某个方面失败了，但是如果直截了当地对他进行责备只会让事情变得更糟，他也可能已经感觉到很糟糕了。

- 关心新人。为新人的犯错做好准备。对于像对汤姆一样的初学者进行纠正和指导应该带给他们更多的自信，而不是打击。谨记，较多的情况下恰恰是这些人会给你接下来的领队活动带来帮助。

关于在这个故事中所提到的观点，关怀领导力包含着：

- 怀揣着关心进行纠正。当你需要去纠正你团队中一个成员有关技术或者行为的时候，尝试着以私密的方式来处理，除非公开讲授对他人也有所帮助。如果内德在你已经走进一片茂密高大的老树的时候，依旧在大声地谈论股市策略，那么此时需要悄悄地靠近他，并暗示他小声些，而不是远在6米开外就开始大声地叫其闭嘴。另外，如果莫利错误地操作制动绳索，而且你意识到其他的同学也存在着相同的问题，那么在你向所有人演示如何正确地操作绳索的时候让整个团队的成员都围过来。

- 对于他人的付出和贡献要及时地表示感谢和认可——尤其是对于那些付出和贡献可能比较小的人们。可能是团队中走得最慢、最缺乏组织能力和最乏味的成员，但是其

83

知晓的昆虫种类却是让人吃惊的。在蜜蜂嗡嗡叫的地方停下来安排一个临时休息,然后邀请马文解释下环境中发生了什么事情。然后在全体成员的面前对其表示感谢,这件事虽然是一件小事情,但是对于马文来说却是意义非凡的一天。

- 关心自己。如果你是犯了错误的那个人,不要对此喋喋不休——毕竟你也是人。给自己一份信心,因为大多数时候自己都是正确的。

永远不要在团队成员面前批评人,除非是处在一个性命悠关的情况下。

不要尝试着拿坏的消息给人惊喜。如果你带领一次户外活动,有人开始慢慢掉队了,不要只是停留等候,一直到下一个休息点。此时需要告诉那个落后的队员,他(她)需要继续坚持下去。在你看到他们有困难的时候就迅速地与其交谈。询问其感觉如何,并赞扬其坚持了那么远的路程。然后提供一些关于呼吸或行进节奏的建议以帮助他们走得更远。告诉他们:"让我们看看接下来是否会好些。"如果事情没有好转,征求下他们的意见他们是否还要继续往下走。大多数的情况下,人们可能会自己选择退出,而这样的情形可能会好于你告诉他们要继续行进下去这样的决定。当然,如果这个人不认同这样的方式,那么这个时候就需要你发号施令了,但起码你已经努力了。顺带说一下,这样的处理方式同样适用于那些通过努力也无法达到标准的员工身上。

不管发生了什么,都不要放弃某人。他们可能不是一个伟大的攀登者或者别的角色,但是他们可能会带来某些方面的贡献，并且你也可能会在其他的事情上与其相处得很好。

——卢·惠特克，攀登者／向导，雷尼尔登山公司董事长《卢·惠特克：一位登山向导的回忆录》的作者

1996年年中的时候，我与一个水平参差不齐的团队一起攀登麦金利山，团队中有一个来自达拉斯的男性从来没有爬过超过3000米的山。这家伙在已经完成的攀登中都表现得非常出色，但是就在快到顶峰的一段路程时却停了下来，因为其害怕通过一个可能滑坠（有可能发生一长段坠落）的悬空横切路段。他走向了横切的路段并看了一眼，此时的他异常地恐惧以至于无法再向前半步，就好像攀登的全部恐惧一下子在这一刻降落在了他的身上——沮丧、恐惧，他坐在雪地上开始哭了起来。

我靠近他坐了下来，心平气和地和他聊了起来。我告诉他我们与顶峰是如此的接近，并且告诉他，他所需要做的只是跟着队伍中其他人的脚印，他是很安全的。然后我又向他讲述了我所知道的几个人，也是如此近距离地接近顶峰却选择了放弃，最后留下了多年的悔恨和遗憾。他安静地倾听着，最终他击退了自己的恐惧，到达了顶峰，并完全沉浸在兴奋的状态里。

如果那个时候我不选择这样做又会是什么结果呢？任何在那个情形下不愿意花费时间和精力的人都会忽略一个不变的事实，那就是在我们的生活中我们都会经历被恐惧所围绕的情形。

作为一个领袖和组织者，你需要些许的脆弱。你不

> 能够将自己置于一个高高在上的位置上。你必须能够让自己接触到周围的人，并让其理解，接受你也是一个"人"。最为有效的领导者是那个可以说"我也曾经经历过同样情形"的人。这样可以帮助他人认识到，正如你一样，他们也能够克服障碍并收获你曾经收获的成绩。
>
> 　　一个出色的领袖能够在看着他人成长并收获他们自己人生目标的过程中得到相当大的满足感。
>
> 　　——劳拉·埃文斯，董事长／首席执行官，探险启迪公司，《我一生的攀登》的作者

关怀是你的兴趣所在。在汤姆这个事例中，你用你的方式来满足一个孤立、惊恐万分的新手。关怀领导力常常需要额外的关注、敏锐的洞察力、精力和时间。那么为什么要这样做呢？

这里有两个原因。第一个原因是关怀是一个道德价值。另外一个原因是对于出色的领导力而言关怀是一个非常实用并且威力强大的工具。第一个原因是业务范畴，第二个则是本书所强调的主旨。

对于一个出色领导力而言，关怀是一个实用且强大的工具，因为通过关怀可以营造信任，对于问题它能够提供提前的预警，使得队员彼此团结在一起，并且也是处理分歧的一个非常有力的工具。

关怀可以建立信任。领队必须赢得团队成员的信任。尤其是当问题产生，需要做出艰难的决定并执行决策，改善沟通，平静恐惧，加强协作并激励所有人尽其所能的时候，信任在领队和队员之间建立了一个重要的纽带。让我们对照下自己的实际经历，当信任存在的情况下，人们往往在一个事故中信任他们领队的决定。而当信任缺失的时候，则常常会造成冲突。

第七章 关怀领导力

关怀是建立信任的关键所在。就自己而言，相对于其他的因素（包括技术能力），关怀更能够给你的领导力带来信任感。如果人们可以感受到你的关心，他们的需求和兴趣你很在意，他们就会变得更乐意跟随你，这个时候非常容易发挥出他们每个人的最大力量，并且当需要做出艰难的决定时，人们通常情况下会给予你足够的信任。

在你的团队中，关怀给信任建立带来的作用就像面包中的酵母一样。就像我们刚开始的时候所提到的事例一样，在你花费十五分钟时间陪着汤姆通过横切路段，并帮助他保住面子的时候，并不是仅仅只有汤姆对你的信任迅速提升，团队中其他人对你的信任度也大大提升。团队中的每一个人都看到了你所做的事情，并且因为你所表现出来的关怀而更加地信任你，包括起初并不赞同你采取如此方式的那些人。现在他们意识到团队无论遭受何种的麻烦，或者团队中的任何人发生了事故或犯了错误，你同样会表现出同样程度的关怀，就像你对汤姆所做的一样。这会增加他们的舒适程度，以及对你的信任感。

顺利解决突发事件也会让他们更加信任你的决策。当他们看到你特意推迟了一个本来就已经延迟的行程，为汤姆寻找方法的时候——这样做不仅仅有效，而且富有同情心，他们看到你选择了一种更为明智的方式来处理问题。而且他们会对此情景记忆深刻。他们看到你进行360度全方位的评估，不但评估软性因素而且还对硬性因素进行评估。当你针对团队中某一成员的严重问题迅速采取敏感而理智的措施时，他们会看到你是如此专注地对待团队成员。取信于发生突发事件的每一个人，是令人满意的一种结果。

最后，作为团队的领导，团队成员现在更加地信任你了，因为他们见识了你真实的领导力。然而，你也曾经被诱导，但你没

87

有加入到那些毫无义意的叫喊声之中，而是采取措施使他们的思想和能量专注到正确的事情上来。他们见证了你做了一个艰难而正确的决定，并实施了这个决定。

关怀和信任之间的这种密切联系在相反的情形之下同样发挥着作用。

当我正在进行攀爬的时候我们的团队偶遇了阿尔（一个我认识的登山者）正在从我们上来的路线进行下撤。阿尔说他带了一个能力参差不齐的团队，他认为这个团队是行动迟缓、最婆婆妈妈、抱怨不断的一群人，而且他最为不幸的就是带他们进山。他继续说道，他们是如此的恐怖和可怕，他已经将他们落下一英里的路程了。到达他们汽车的方向非常的清楚，路线顺着一个明显的溪流就到了。目前还有足够的时间，他们完全能够靠他们自己的能力从上面走下来，以前的时候他也这么干过。

但是当前下撤的路程不怎么好走，而且路途上长满了荨麻和滑桤木。阿尔非常了解这个道路，但是团队中的其他人却不怎么熟悉。把他们丢弃在后面，他们无疑要花三到四个小时时间在灌木丛中开路。"这是对他们的惩罚"，当他朝下走的时候他如此说道。

事实上真正应受到惩罚的人当然就是阿尔本人。起码这被他所在的俱乐部传开了，因为他违反了俱乐部的安全标准。然而，真正的惩罚则是通过这个事件彻彻底底地让人们动摇了拥护他作为领队的那份信任。从那次旅程之后再也没有人愿意和阿尔一起外出旅行了，尽管他经验丰富并拥有着极其可靠的技能。人们担心如果他们达不到阿尔的标准的话,他就会将他们置身于和荨麻战斗的境地,甚至更糟。

关怀提供了一个早期预警系统。关怀有助于你察觉对可能对活动顺利进行干扰的负面因素或行为。

莎拉是你所在俱乐部的一名新会员,而且她的第一次旅程就是由你带领的。在旅程开始的时候,你注意到她对于自己的新鞋子感到格外的自豪。好鞋子也罢或坏鞋子也罢,你关心的则是新鞋子可能会带来麻烦,所以在刚开始 2 千米左右的路程中你几次检查她的状况,并询问她感觉如何。她告诉你她感觉挺好的,说话的语气中好像透出了几分的不耐烦。

大多数的领队可能也就到此为止了。但是就你对莎拉的了解,她是一个少言寡语、脾气倔强并且骨子里喜欢自立的人。此外,前期她炫耀自己的靴子的行为可能会让她羞于承认她的靴子会带来问题。简单说,你害怕的是莎拉不想告诉你她真的有问题。

但这是一个为期四天的行程,如果一个人在第一天的时间里在双脚上遇到严重的问题可能会导致一个令人厌烦的后果,并且可能会在一定程度上拖慢团队前进的脚步。当你看到莎拉格外地关注她的右脚,这个行为让你更加地证实了自己的判断。此时你怀疑她的脚可能已经磨出了水泡,并且在事情真正变得糟糕之前她是不愿讲出来的。

在下一次休息时,你以身作则地将鞋子脱下来并示意大家都脱下鞋子仔细检查一下自己的双脚,非正式地提示对于每一个人来说可能都是一个好主意。其他的几个人都照着你说的做了，这也给莎拉提供了一个开放的空间。你拿出了水泡贴并帮助她处理脚踝上的红点（脚泡的前兆）。

当然，莎拉应该以一个更为成熟的方式来对待她的问题。毫无疑问阿尔也会选择让她一瘸一拐地走，以作为她愚蠢的代价。但是你意识到每一个人都有着他们自己的怪癖，你能够帮助莎拉通过她自身的努力找到解决问题的答案，而不是对其品头论足。真诚地对待莎拉，并把莎拉也看做一个"人"来对待，她也有自己的不足和缺点，如此一来你不但帮助了团队，也帮助莎拉避开了一个潜在的严重问题。

让我们回过头看一下，在第一个事例中对于汤姆而言，多一点针对性的关心可能会规避你可能会最终面对的问题。认识到他谨小慎微的性格，并且假定你提前就知道那个暴露感极强的横切路段，那么你可以提前在地图上指示给他看，然后再跟他描述这段路线并关注他的感受。通常而言，对于像汤姆一样的人在经历苦难时我们所需要做的恰恰是消除掉那些让人吃惊的潜在因素。

关怀使人彼此团结。寻找或创造机会让团队中的成员彼此间建立这种相互关心的纽带。你无需在每一次的户外旅程中都建立一个社交俱乐部。如果你的团队中有想以自己舒服的方式待着的人，那么不要强求。但是提升团队成员之间的这种关怀的纽带有几点需要注意，它不仅仅让整个的旅程变得开心愉快，而且也会起到直接的现实作用。团队成员之间越觉得轻松舒服、彼此欣赏，他们就会表现得越好。如果你遭遇到了非常危急的情形，这就会展现出完全不同的结果，这些看似乌合之众的人瞬间就会表现得像一个高绩效的团队一样。

尽早地建立这种关系，在活动开始之前，或者在陌生成员的第一次碰头会上进行一个自我介绍。

对于和不怎么熟悉的团队成员相处，打破这种彼此的隔膜，每个人都有着自己喜欢的方式。我最常用的方式是让每个人在自我介绍的时候，先说出自己的名字，然后在后面加一种首字母和名字首字母相同的水果或蔬菜，然后后面的人在介绍自己之前先要重复前面那个人的名字。例如，第四个人可能会说：非常高兴认识你，莎拉·草莓、特德·萝卜、内德·油桃。我的名字叫查理·蒟蒻莱。

为了不被打扰，你可以在旅途活动中寻找合适的机会。这些时机可以是在过河时的嬉戏打闹，也可能是在一个温暖的岩石上悠闲地休息的时候分享彼此的故事。充分利用休息的时机来帮助团队成员介绍彼此，"查理，你知道卡罗尔也去密歇根大学了吗？"

在处理冲突时，关怀是一个非常强有力的工具。不论他是多么难应对的人，关怀可以使敌对的双方化解彼此的愤怒和恐惧，如此一来，为了寻求最终的解决方法双方都愿意接受一个真诚的对话。这个问题我们会在接下来的第十二和第十五章节里详细讨论。

在冲突的情形下关怀的其中一部分力量就是它的冲击值。大多数的人处理冲突所采取的的策略无不流露出"不是你死就是我活"的火药味。然而，此时真诚的话语和行为有时又会让对手不得不摒弃掉那种老套的"输/赢"的策略。这往往会打开一扇门，至少是暂时的，其目的也是追求一个旨在使双方获益的方式。

从这些道理中我们可以看到，关怀非常的实用。不仅仅是安慰的话语，更重要的是要有一个真诚的心，并能够切身地站在他人的角度上考虑问题。展现出色的领导力，关怀是一个非常核心的元素，而且它给你带来的收益远远大于你所付出的时间和精力。

91

关怀会尽可能多地丰富你以及你所关心的那些人的生活。

> 对于户外领队我这里有三个指导原则：
> - 你需要了解你带领的队员都来自什么地方。
> - 你需要知道你和他们一起要做些什么。
> - 你必须要爱他们。
>
> 你必须能够做到无私。一个自私的领队，无论是对他自己还是对他人都是危险的。一个人递交了一份申请希望能够在国家户外领导力学校谋得一个领队的职位，如果我知道这个人是自私的，那么我会毫不犹豫地将这份申请扔到一边。你无法容忍一个凡事总是以他们自我的喜好为前提，而不是以整个项目或整个团队的需要来制定方案的领队。
>
> 你可以教人们去做一个无私的人。你可以让他们知晓做一个自私的人会给他们自己什么样的危害。如果你也是自私的，你将不会有任何的同情心，同样你也无法得到他人的帮助。
>
> 自私的人也无法获得他人的信任。你也绝对不会再相信一个自私的人。他们不信守诺言，因为他们太过于关注在他们自己想做的事情上。
>
> ——保罗·佩佐尔特，国家户外领导力学校创始人

学着去带队

关怀领导力

☐ **优秀的领队真诚地关心他们所带领的对象。** 出色的领队将每一次的行程或活动都视为一个帮助人们学习和成长的绝佳机会。

☐ 关怀领导力指的是：

- 站在他人的位置上考虑问题，并细心察觉他人的需求。

- 某种程度上展现一定的脆弱。将自己放在他人的位置上常常意味着和他人分享自己的真实经历。

- 倾听。没有什么比积极主动，不加评判地倾听更好的方式来展现关心了。

- 将关怀付诸于行动。仅仅停留在想法上还远远不够。

- 持续的关怀。关怀意味着形成并保持一种关系，而不仅仅是展现出一两个精彩的姿态。

- 摒弃评判。关怀包含着要容忍他人的不足和缺点。

- 关心新人。确保你对新人的纠正和指导给他们带来更多的是信心。

- 有技巧地进行纠正。尝试着私下进行纠正，除非这种普遍的问题对所有人都有益。

- 要对他人的付出和贡献及时地进行肯定。

- 照顾好自己。不要在错误上击垮自己，并积极地暗示自己在大多数的情况下自己都能够正确地处理和应对。

- **关怀也是你自己的兴趣所在。**对于出色的领导力而言它是一个非常实用和强大的工具。
  - 关怀带来信任。信任在领队和队员之间是一个非常重要的连接纽带。就领导力而言，相对于你身上其他的特质，关怀更能够提升彼此的信任度。
  - 关怀可以提供一个早期的预警系统。关怀能够帮助你更为敏感地感知那些可能会对活动的成功造成负面影响的行为和因素。
  - 关怀使人团结。团队的成员越是感觉到彼此关系融洽，彼此欣赏，那么他们越是能够出色地团结在一起做事情。
  - 关怀是解决冲突的一个有力工具。它能够有助于化解愤怒和恐惧，并最有利于双方为了谋求最终的解决方案及应对策略而采取真诚的对话。

第八章　领队责任

所谓的领队责任不仅仅是你的职责和义务。还包括要对你给他人的影响进行负责,也是对形成一种公平、积极的关系负责。

为什么要有责任。传统观念对责任的定义聚焦于行为:"这种事能做,那种事不能做"。这就是伴随我们成长的定义。

但这是不够的。想要成为一名成功的领队,你需要了解责任的宏观定义。看一个人是否具有责任感,不仅仅是看他的行为,还包括他的思想和感觉。

为什么?因为你时时刻刻都在影响着你居住和工作的环境——在户外,在工作,在社区,在家中。不仅仅是你的行为会产生影响,还有你的思维和感觉。比如说,你或者家里的其他人在经历了很美好的一天或者很糟糕的一天后回到家中,整个家庭的情绪都会受到影响。你见识过接待员的情绪影响办公室其他人的力量吗?而这仅仅是通过他们接电话时的表现而引起的。每个城市似乎只有一小部分的公车司机有很好的幽默感并且喜爱开他们的公交车。而如果我们在一次户外徒步的途中，有一名情绪不好的队员，不断咒骂他坏掉的鞋带或者丢掉的地图，这种情绪也会让其他队员感到烦躁。

你的思想、你的感觉，以及你的行为都在影响着你周围的环境。因此，从三方面讲你都要尽可能达到更高的责任感标准，这样才能有助于获得你想要的结果。

留意细节。对责任的延伸理解是要学会对细节留心在意。你回答注册电话，介绍新人，纠正错误，以及检查装备时都会为接下来的整个行程营造一种氛围。如果你被认为是心浮气躁、不友善，或者好斗的，那么可靠的人在你的管理下也不会发挥什么作用。另一方面，如果你用关怀、尊重和幽默来对待这些不期而遇的事情，你将会开始和你的队伍成员形成纽带，而这种情况会很好地为你们服务，尤其是当麻烦降临时。

你的生活就像是一套衣服。对这句话的另一种说法就是你要为你生活中某种情绪延伸影响到你生活的其他组成部分的情况负责。不论你多努力地尝试，想要将你的生活完全与他人隔绝是绝不可能的。那些觉得他们可以在这一整周都紧张地进行工作，之后可以在假期放松自己，只关心去山里休闲旅行的领队都是自欺欺人。

想想你生活的各类环境——家庭、工作、社区、户外，就像是话剧一般，每个脚本都有你参与编写。你利用你的词汇来创造每一个场景时，而每一个词都是介于你在那一刻是如何看待你的生活而形成的。如果那画面是消极的，比如说，你仍然对前一天你和你老板的争吵而感到愤怒，你的词汇将会倾向于愤怒和挫败，而你的脚本也一定是倾向于这个方向。从另一个角度讲，如果你的词汇是充满关怀与平和，你会做出非常不同的结果。

假设你带的队伍遇到了坏天气，你的队员开始抱怨。首先问问你自己，那一刻你的"词汇"会是什么。你会带着消极的情绪或者感觉到这种情况吗？比如，你已经饿得胡思乱想，你讨厌你的工作，或者你依然对弗兰克在行程开始前说的话而感到愤怒？如果你是这种情况，你要为消极的包袱负起责任，不然他就会从你的身体语言中显示出来，还会引起他人的愤怒，或者在许多其他方面削弱你的领导能力。

在言语中表现出积极的思想和感觉，与避免展现出消极的表现同样重要。在那个又湿又累的团队例子中：如果一名新手对如何保持干燥而感到困扰，你就过去给他一些有帮助的建议；如果有团队坚持将她们的挫折对你发泄，一笑而过即可；如果有些人感到泄气和紧张，那就发挥你的幽默感，就像你以前让大家感觉到轻松那样。

作为一名好的领队，对你的思想和感觉，还有行为负责任是至关重要的。这将会帮你形成和保持积极的状态，与你带领的队员保持信任关系。这种人与人之间的联系在危机中十分重要，队员会在其他百分之九十八没有危机的时刻，运用能力和热心在一般的挑战中为你服务，伴你前行。

有些负责任而带来的效果是你无法预见的——特别是那些可能从户外延伸到人们生活的其他方面。比如：

在美好的一天，你在乡间带领一次冬季野外活动。你队伍中的先头成员已经在林间留下了非常好的雪道。但是玛莎作为一名不太懂行的初学者，穿着他的雪靴踩压了这些雪道。菲尔，从队伍后面冲到前面，他非常气愤雪道被毁了，并且毫不客气地让玛莎知道这个情况。俩人就开始对彼此叫嚷起来。

你出面解决这件事情，耐心聆听他们的叙述，给他们讲了一些故事，还讲了一些笑话，你迅速而又不声张地化解了冲突，并让他们恢复了好情绪。

除你以外没人看到你和他们俩谈话，但是托尼却在另一边的灌木从中目睹了一切。托尼来之和他年轻的儿子也发生了冲突，他儿子刚刚因为商店行窃被从城里抓回来。你的关怀、耐心、幽默都让托尼感触很深。你的这种榜样行为将会在他回到家后，非常有效地帮助他应对他的儿子，而这一点你将绝不会知道。

领导力就好似一种契约，你要为尊重并履行职责而负责。你与你带领队伍之间的契约也许不用签署文件，但却是真的存在的。大家期待你带队，而作为回报，给予你权利来这么做。

你要为你契约中以下四项"条款"负责：

- ☐ 让你的队伍保持安全、和谐。让大家免于伤害、受伤或者失踪，这更多取决于你而不是其他人；
- ☐ 帮助你的队伍完成他们的目标，不论是需要登顶，还是渡河，或是在林间快乐地度过一天。
- ☐ 帮助途中的队员获得高品质的体验；
- ☐ 合法地进行领队工作。

保持队伍安全和良好的状态，帮助你的队伍完成目标。想要同时满足这些职责，你需要做好准备，时刻协调好队伍中发生的事情，对能够影响队伍安全和结果的因素保持警戒。特别是：

- ☐ 对自然危险和障碍进行提前判断，比如那些由天气、雪况和渡河等引起的。观察和感知你周围环境的所有变化。管理时间，以至于你的队伍不用进行不必要的露营，或者降低夜间的危险性。如果顶峰的画面太壮美了，会使

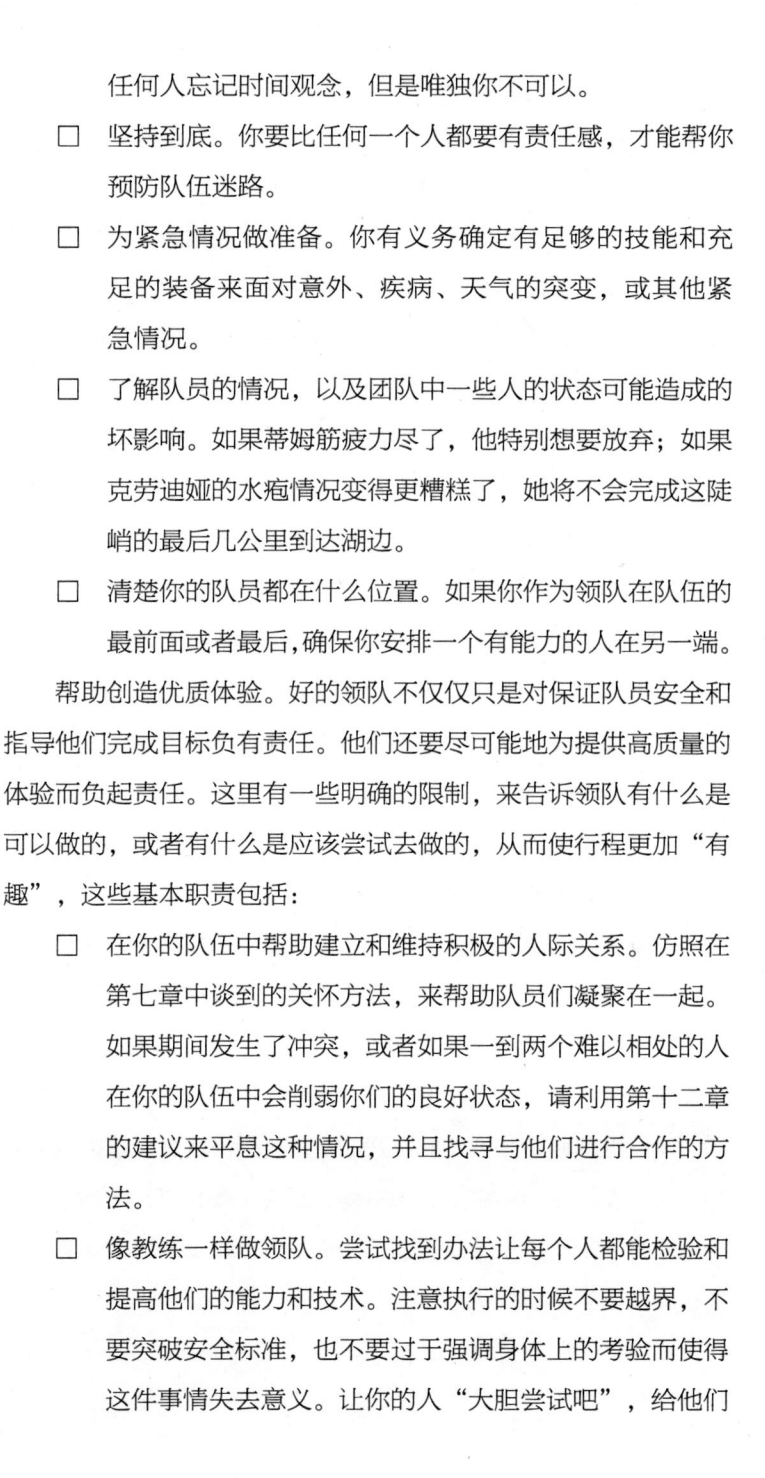

任何人忘记时间观念，但是唯独你不可以。

☐ 坚持到底。你要比任何一个人都要有责任感，才能帮你预防队伍迷路。

☐ 为紧急情况做准备。你有义务确定有足够的技能和充足的装备来面对意外、疾病、天气的突变，或其他紧急情况。

☐ 了解队员的情况，以及团队中一些人的状态可能造成的坏影响。如果蒂姆筋疲力尽了，他特别想要放弃；如果克劳迪娅的水疱情况变得更糟糕了，她将不会完成这陡峭的最后几公里到达湖边。

☐ 清楚你的队员都在什么位置。如果你作为领队在队伍的最前面或者最后，确保你安排一个有能力的人在另一端。

帮助创造优质体验。好的领队不仅仅只是对保证队员安全和指导他们完成目标负有责任。他们还要尽可能地为提供高质量的体验而负起责任。这里有一些明确的限制，来告诉领队有什么是可以做的，或者有什么是应该尝试去做的，从而使行程更加"有趣"，这些基本职责包括：

☐ 在你的队伍中帮助建立和维持积极的人际关系。仿照在第七章中谈到的关怀方法，来帮助队员们凝聚在一起。如果期间发生了冲突，或者如果一到两个难以相处的人在你的队伍中会削弱你们的良好状态，请利用第十二章的建议来平息这种情况，并且找寻与他们进行合作的方法。

☐ 像教练一样做领队。尝试找到办法让每个人都能检验和提高他们的能力和技术。注意执行的时候不要越界，不要突破安全标准，也不要过于强调身体上的考验而使得这件事情失去意义。让你的人"大胆尝试吧"，给他们挑战自己的机会。

- □ 如果你懂得一些有用的技巧，可以找机会向他们演示。向贾斯廷演示，如果他将背包背得再高一些，他会更舒服。向艾利森演示更简单的方式来使用保护器；为安迪介绍更好的方式给他的雪板打蜡。

- □ 分享你的自然知识。当然，你需要把握好在不同情况下分享知识的量。但往往对于队伍成员来说，这是一份礼物。假如你懂得这类知识，你可适时地指出可食用的植物，对地质进行评论，或者解释动物的足迹。你也可以让其他人分享一下他们的专业知识。

- □ 为了创造美好的时光，不要忽略审美的情趣。不要只知道赶时间，记得停下来细嗅花香。我记得有一次，我在芒特雷尼尔和一个准备去珠峰的队伍一起进行攀登训练。那时已经是八月末了，那时天堂谷（Paradise Valley）顶峰的野花颜色十分美丽，从攀登路线的下方，一路延伸到下面的路上。这支队伍从冰川上下来，几乎是奔跑着冲下山谷，根本没有留意这世界上最为壮美的山间美景之一。在他们登山装备的碰撞声中，你基本听不到土拨鼠的低语。我希望他们在喜马拉雅山脉可以有好的时光。

在苏联高加索山脉，我们登山队的一名成员觉得他玩得不开心，即便我们的路线已经走了数周了，但他还是想回家。他要求苏联官方改变他的行程安排，但却遭到他们坚决的回绝。他不知所措，感到愤怒，他找到探险队的领队斯科特·费希尔，想看看他怎么处理这件事情。

第八章　领队责任

"嘿，哥们儿，"斯科特对他说，"你坚持继续走下去，要么就原地留下来。想要怎样取决于你，但我会告诉你个小秘密——如果你继续走下去将会很有意思。"

户外领队的确要尽可能地为确保队伍的安全而负起责任，并且要为何时前进，何时后退做出坚定的选择。除了这些，领队还要用鼓励、教导、娱乐等许多方面来进行组织。这样一次探险才可以展开。

然而在这种组织下，成员们需要为他们自己的优质体验承担更多责任。领队提供更多的机会，而这些机会则都取决于队员们的意愿。不论是在活动过程中，还是结束后，选择一次超凡体验，而不是一次扫兴的失败往往取决于其感知，而这种选择肯定都是由成员们做出的。

刚刚从事领队工作的新人在回顾他们旅途中做出的决定时，往往会对他们自己很苛刻，对团队成员中的任何不满都要责怪自己。在一次成功的徒步中，一定夹杂着领队和队员之间的"交谊舞"，每个人都要为他或她在冒险路途中带来的乐观或悲观效果负责。

这位在高加索山脉无法回家并一直情绪暴躁的朋友，在大本营一天一天地呆下去而不是去登高。我只能说他做了错误的选择，但这就是他做出的选择，而不是我。依我之见，我也只能同意斯科特说的，坚持走下去往往是最好的选择。

——罗伯特·伯克比，偏远路线探险队领队，《童子军手册（第10版）》作者

合法从事领队工作。美国是迄今为止世界上最爱打官司的社

会，拥有比任何地方都多的律师。无论你对此怎么看，诉讼的威胁和责任保险的花费已经成为几乎每一个提供公共服务组织的障碍，不论是学校还是医院，当然还有户外组织。

不幸的是，只对你的课程或者野外领队工作都保持优越的品质还是不够的。不论你和你的组织是多么的专业和完美，你们依然会受到不满意的、不切实际的、唯利是图的人的起诉。而法律保护的花费将是巨大的。

如果你已经被一个组织任命为领队，确保你会受到法律豁免政策的保护，以及你队伍中的所有人都签署了风险告知书，正式声明如果发生死亡或受伤，你和你的组织可以免除责任。如果你自己组织并带领一支队伍，队伍中除了你的家人和朋友外，还有其他参与者，那么利用风险告知书是一个非常好的办法。

就我个人而言，我是十分讨厌风险告知书这种形式的，因为这减弱了那种自在随意的感觉，每一次户外旅行都应该共同分担责任，并且应该将一些个人风险是户外活动中的一部分这种概念进行淡化。30多年前，我和大学的登山兄弟们一起学习攀登而伤到脚时，当时如果因为这种事情起诉我们的登山俱乐部简直是难以置信的。时代真的变了。

不同的州有不同的法律豁免告知书条款，但他们都有同样的要素。任何告知书都要有明确的声明，表示一旦签署了协议，那么他或她将承担参加此项活动中受伤或者造成损害的一切风险。能够预期的特殊风险，可以列出来，并将关键点以加黑字体或者其他方式让这些要点更加明显。一定要保证签署人可以阅读并理解文件。（比如，参见"华盛顿法律中的风险承担"，查尔斯·戈德，华盛顿州律师新闻，1995年10月。）

无论声明书写得多好多完善，也不一定都能作为法庭上的证据。如果是以下伤害情况，作为领队的你，以及你的组织都难辞其答：

- 你的"重大过失"是有罪的，通常用法律定义为"某行为标准低于法律标准，即与对于法律中建立的关于保护他人免受不合理的风险伤害的定义有所不符"。法院会针对这项进行判决，但如果你要有一些基本的常识就不会发生这些麻烦。比如说不要做任何违法的事。也不要做令人难以容忍的蠢事，例如在雪崩沟槽中扎营，在没有指北针和地图的情况下进入灌木丛，或者在没有登山绳的情况下跨过冰川裂缝。
- 你带着你的队伍在行程中超出了原有活动预期，并使队伍成员经历没有特别声明和提醒的风险。比如，如果你像招募时说的那样是一天的徒步活动，那么就不要带着大家去高处攀岩。

如果在你带领的队伍中有人为了做一些你认为不明智的事情，而坚决要和你的队伍脱离开。那么就在有人见证的情况下，正式表明你的反对。

不要滥用领队的角色。有时领队的责任会诱惑你冲昏头脑。如果你没有监管权，确保你坚决不能想着因为你处于领队的位置，而去进行无礼的评判，或者出现蛮横的行为。这种滥用行为不只是针对由组织任命你为领队的俱乐部活动，对非正式的领队角色也适用，比如你和那些没什么经验，而依靠你做向导的朋友一起出去时。

在更加微妙的层面，不要利用你领队的权威来逃避与你带领的队伍之间处理公平的和敏感的事情。试想你做了一个你自己不太确定的路线决策，而你队伍里的一些人提出异议。不要为了避免这种问题而坚守你的权威。你要接受新的信息，如果你被更好的建议说服了，要甘于改变线路。

作为跟随者的职责。即使是一名受过训练的领队，有时也会在行程中作为队员被他人带领。牢记你作为跟随者的角色。为了让他们完成他们所做的事情，要给予你的领队以尊重，尤其是那些经验比较少的领队。没有什么比一个稍有经验的人，一路上都用冷淡、批判或高傲的态度，更让新人领队烦恼的了。只有在确定有必要阻止更坏的情况发生时，才对领队的决定进行评论，并且要在私下这么做，而不能在其他队员面前。

用积极的方式，来尽可能地支持领队——比如鼓舞队伍士气，作为队员进行协助，以及当你负责队伍时，就作为模范来进行服务。

即使你不太有意愿去做一名领队，但也不要阻碍你学习并偶尔检验你的领队技能。把它想象成你的心肺复苏课程，即便你希望你永远都不会用到它，但这种知识也是非常好的。此外，当你理解和体验了领队的压力和责任后，你将对助理的角色更加娴熟。偶尔一次让自己体会下领队的角色，你将会更加感激他们承担的风险和挑战。

学着去带队

领队责任

- [ ] **为什么要有责任感？** 这不仅取决于你的行为，还有你的思想和感觉。
    - 留意那些小细节。
    - 你的生活就像是一套衣服。对你从个人生活中延伸到领队角色里的情绪负责。
- [ ] **有些因责任感而带来的效果是你无法预见的**——特别是那些可能从户外延伸到人们生活的其他方面。
- [ ] **领导力就好似一种契约。** 你要对以下方面尽到责任：
    - 让你的队伍保持安全、和谐，帮助队伍完成目标。
    - 预测物理上的危险和障碍。
    - 对时间进行管理。
    - 坚持到底。
    - 为紧急情况做准备。
    - 了解你所有队员的情况。
    - 知晓你所有队员的位置。
    - 帮助途中的队员创造优质体验。
    - 在你的队伍中帮助建立和维持积极的人际关系。
    - 像教练一样做领队。
    - 分享你对于自然的知识。
    - 不要忽略审美的情趣。
    - 依法从事领队工作。确保你的户外组织有法律赦免声明的相关政策。对那些被认为是严重过失或你带的队伍超过预期活动范畴时，那些声明可能就站不住脚了。

- [ ] **不要滥用领队的角色。**不要利用你领队的便利来评判消极的行为。如果你没有做好准备，那么绝对不要使用，也不要拒绝用公平和体谅来对待你带领的队伍。
- [ ] **作为跟随者的职责。**作为一名有领队经验的人，如果你此时担当队员的角色，要给予你的领队足够的完成他们工作的尊重，特别是当那名领队的经验要比你少时。

第九章　有效沟通

好的沟通不仅仅是让你可以直接准确地传达你想要表达的事情。同时也与你洞察所处的情景有关，也是有意愿为你给他人生活带来的影响负责的一种常识。

也许在你还是婴儿时，你就开始学习沟通了，但掌握这项技能却是一生的挑战。回顾下你在生活中、工作中、或者户外活动中的种种经历，问问自己，有多少事情是由于重要环节的沟通表达有误、曲解、误会，或者可能是压根就没有沟通引起的。

如果你是一名领队，那么沟通技术则尤为重要。你所做出的决定、传达的讯息、给予的建议和鼓励都必须传递给你队伍中的所有人。

好的信息是成功的开始，然后再准确、完整、及时地传递给需要了解此信息的人。当你将信息传递出去时，一定要再三地进行确认。对自己想要沟通的信息先进行保留，而在公开时要尽可能地有效传递出去，学会处理这两种关系，从而可以在更多不同的环境下传递给大家。留意你的信息内容和肢体语言及语调三者之间的关系。记住，良好的沟通是双向的：首先你必须是一名好的倾听者，这包括征求意见，留意对你表现的反馈等。最后，如果你需要公布一些事情，不需要害怕；核心要务就是要了解你想讲的主题和你的听众。

确保你的沟通，既完整又准确。当你做领队时，需要向注册参加活动的人传达装备和日程信息。当你主持一次研讨会时，你要确保其他成员都清楚所讨论事情的背景。或者当你向县政府写信反对新一轮砍伐活动，并必须提出所有反对的意见。

在上述所有的情况下，最重要的因素都是一样的：所传递信息的构成，既要完整，又要准确。在你拿起电话或者提笔之前，你要设身处地地考虑听这些信息的人或读这段信息的人。什么是他们需要了解的？然后写下你想要传递信息的要点清单。

核实你信息的准确性，如有必要的话，可对相关信息多做一些研究。如果有时间，可以请同事检查你的工作。你能否确定在经历一场大火后，通往惠斯勒溪（Whistler Creek）的伐木步道还开放吗？星期二是新闻发布会的最后期限吗？是否有人告诉你达灵顿护林站（Darrington Ranger）的电话已经更换过了？

毋庸置疑，如果你在打电话或者投递信件时，发现任何信息中的漏洞时，你要尽快进行完善。

准确将信息传递给真正需要的人知道。一旦你确定你的信息已经十分完整和准确，下一个环节就是精准定位哪些人需要这些信息。

每个与你同行的人，或者帮你制定活动计划的人，都要知悉日程、装备、路线以及各类数据的基本细节。但有些人需要额外的信息，司机需要了解今年通过贝克山高速路的一系列需求。媒体委员会的主持人必须有当地编辑的姓名。去年做过搭桥手术的人需要详细了解路线对身体的要求。购买食品物资的人必须知道有多少素食者报名参加活动。没错，这些都是最基本的信息，但都需要深思熟虑。还有一件事情需要你知道，就是带着你们所有帐篷的队员由于没有听到路线改变的信息，而走错了路。

> 途中的沟通一定得是持续不断的，并且是双向的。1984年在珠穆朗玛峰，我们在6700米的地方，在没有氧气的情况下，挣扎着穿过齐腰深的雪地走向北坳。有大量的征兆都表示会有雪崩危险，我也能够看到断裂层。那一刻我终于打断了行程，停下来向其余的队员说："我觉得情况有点不对劲，我不太喜欢目前的状况。"约翰·罗斯凯利就在我后面，而他说的第一句话就是"卢，我很高兴你第一个说出了这句话。我早就有同样的感觉了！"这件事教育我们，我们应该从一开始就分享彼此在意的事情。虽然我们在北坳折回了120米，使我们的整个攀登时间延迟了近两周。但是那天整个下午确实发生了雪崩。
>
> ——卢·惠特克，攀登者/向导，雷尼尔登山公司董事长，《卢·惠特克：一位登山向导的回忆录》作者

用恰当的方法来发送你的信息。 随着科技的发展，传递信息的方式却更为复杂。当电话应答机使人们忽略电话时，当时至少还有可以发到办公室的传真可以联系得上。而现在传真机到处都是，看起来似乎只有电子邮件才能够快速获得人们的注意。

选择一种既能亲自做，又能在时间和资源上允许的沟通方式。一封手写信，或者一封打印出来的信上标有一两条手写的标注，从而能够快速地吸引人的眼球，而不是整篇文字都是由机打文字

排列组成的。面对面的会议要比电话会议好,但是用电话通话又要比答录机好。

如果交流的信息中有很多细节的话,就用手写笔录来备注口头的交流内容。这确实是个不错的主意,比如,邮寄一个道路地图或者一个指示说明来告知对活动起点路线不熟的人,包括此次需要的装备清单。如果你要来一场演讲或者组织一堂训练课,用包含要点的讲义来提示你的口头报告和指示说明。

确保信息要及时。需较长时间进行反应的期望和要求,要提前做好沟通。如果你希望你的队员带上雪崩救援信号灯,他们都需要一定时间来准备。如果你知道在徒步过程中有可能要进行露营,大伙将需要调整工作和家庭的安排来配合这一天的延误。在计划进行一次简单的攀岩时遇到些变动,确保经验不怎么丰富的攀登者尽早知道这个消息,这样他们既可以为这次挑战做好充分的准备,或者改变去参加其他活动。

确保你的信息如你预期的一样顺利传达。即便是最清晰的信息,当没有顺利传达或传达得混乱时,也不会有多大的用处。

当攀岩新手在峭壁上学习的第一天,就要了解简洁的口令。口令是十分关键的,设计用来确保攀登者和保护者之间不会出现致命的误解的口令。但即便是要运用这类可以简单使用的口令,也比许多年前我的教训要好得多。

在我第一次攀岩课程结束后的几个月,我决定去尝试挑战"肖克利的天花板"(Shockley Ceiling),一个位于哈德逊河谷的沙旺刚克崖壁(Shawangunks Cliffs),崖壁拥有超难的攀爬路线。关键的环节是需要用双手悬挂在距离地面61米的仰角上,然后做一个引体动作爬到上面的崖壁上。我的朋友比尔进行领攀,就像在健身房做引体向上一样快速翻过了屋檐。接下来轮到我了。

这时一阵强风吹过，并且我看不到被仰角挡着的比尔。我怀疑自己是否听到了口令，告诉我对我来说这是否足够安全。我一点也不确定。我听到的也许是周围其他攀岩者的声音，也许是风的声音。我就在那里等待着，这时攀登绳被突然拉紧了一下。难道比尔在屋檐上方那么容易的地方打滑了？还是他停下来将自己用绳索固定在峭壁处，此刻正试图通过绳子给我发信号，让我开始往上爬？我们有把拉绳子当作备用信号吗？如果有的话，我根本记不住这个信号意味着什么。是拉两下代表向上爬，还是三下？要知道我不可能一直在这里耗着，我在没有确认比尔在上面用绳子给我做保护的情况下，从突崖上用自己的双手向上爬去。这是一个只有19岁的人才能体会到的百感交集的时刻。当我做出了行动时，才感觉比尔在收紧绳子，那一刻我才确定我做出了正确的选择。

但我们不会总是把沟通不畅归罪于岩壁和风，人为错误可能要多得多。安认为凯西已经告诉所有人新的会面地点——而凯西则以为安正在做这件事情。汤姆用电脑在会议公告中敲了个"不是"，而他实际想要敲的文字其实是"现在"。艾德的朋友以"千米"来告诉他距离，而艾德却听成了"米"。

有多少人就会出现多少种不同的被改变的信息。如果你对此持怀疑态度，想想那个居家游戏。就是第一个人悄悄说给第二个人一个短的消息，第二个人同样悄悄说给第三个，就这么传递下去。当消息传回到第一个人时，经常是将原信息改得面目全非。

111

一定要核实你想要传递的信息准确无误。哪怕你有一点不确定，都要打一两个电话进行确认。

如果你是通过电话传递了一个很复杂的信息，要求对方在最后将这个信息复述一下。这可能会看起来有点尴尬，但现在稍微麻烦一点，总比最后真的出了严重问题要好。

而如果你担心自然环境，比如狂风怒吼时，可能会出现任何沟通困难，那么提前讨论并练习一个备份的收发信号系统。

有时候危险并不是来自信息没有清楚和完整地传达，而是来自于在接收的最后出现了曲解。徒步和攀登的描述就是典型的例子。比如"中等难度"这个信息，他对于一名经验丰富的攀登者和对一名新手是完全不同的意思。如果你对"可以在六小时内完成"、"中等程度的陡坡"或"非常容易的涉水等级"这类徒步和攀登的指南中的关键说明存在理解上的问题，核实这种说法的依据。在迈开步子出发前，尽你所能消除疑虑。

不要传递混合的信息。留意你词语中的内容、你的语气、肢体语言之间的矛盾。

谁说英语不是声调起伏的语言？安迪是一个有点笨拙的乐天派，他没有意识到他已经拖慢了整个队伍。当他在某个点追赶上队伍，他深吸一口气，并且问你"我表现得如何？"你可以：

- 知道他已经尽自己可能做到最好了，并且鼓励他，面带微笑并开心地回应他"你做得还不错啊"。
- 让你自己勉强接受他的这种表现，用几乎低于你的呼吸的低沉语调说"你做得还行吧……"。
- 大发雷霆地转向他并嘲讽他"你做得真不错啊！"

词语几乎是一样的。传递的信息却完全不同了。

如果是因为经常无意识地有一些肢体语言出现，那么就会让信息更加复杂。我们都听见过，虽然有的人对健康、金钱、人际关系，或其他目标进行积极的阐述，却哭丧着脸，声音中带着无力和疲惫述说着。"我们相信祖父很快就会好起来……"，"我们有信心第四季度业绩会更好……"，"我知道她会回到我身边……"，"我确信我们离峰顶近在咫尺……"等等。

愤怒也是人们经常觉得他们隐藏了起来，其实却已经表现出来了的信息。费尔到达了拼车旅行的集合地时，还依然因为和他妻子吵了一架而愤怒。你很了解他，于是你说"费尔，你看起来心情比较糟糕啊，想聊聊吗？"费尔嘴上说"没事儿，没事儿，我很好"，但他的脖子已经爆出了番茄色的青筋，他看起来好像马上就要一拳打穿他自己的房车。

还有一个叫爱丽丝的领队，据她自己所说，她很平易近人。你给她提了两次建议说她带的这段陡坡路可能有不稳定的危险。她看起来对你说的所有事情都视而不见，当你最后问她为什么时。你万万没想到，她笑着对你说"为什么这么问。我可没有忽视你。正相反，你说的一切我都在听啊。"我不确定她说的是真话还是假话，因为当她与我说话时，双臂紧紧地交叉在胸前，眼睛中闪烁着"鲨鱼"的眼神而不是"朋友"的那种。

要想更有意识地了解自己的肢体语言，试着在镜子或朋友前进行练习。用充满强烈情感的语句和想要表达的信息进行组合，然后用传递着极其相反意思的肢体语言来传递信息。你可以做得夸张点儿。通过夸张的错误练习，你将会获得避免在真实情况下出错的领悟。你也更加会留意到你是否疏忽了这个问题。当你看到其他人在用肢体语言时，你也会更加留意肢体语言表达出的多重信息。

友善对待和你进行交流的人。 除非你是在处理极其紧急的情

113

况时,并且没有时间磨蹭,而只能大喊着发号施令的情况外下,尽可能地亲切并坦诚地与队员进行交流。鼓舞他人跟随你的领导。特别是当你的队伍陷入麻烦时,你越是和你的队伍亲切坦率地交流,其他人也越会让你觉得舒服,这是非常可贵的。

沟通因人而异,为与各类人的沟通负责——特别是你的倾听者包括不同年龄、不同背景的男性和女性。没有两个人是一样的。善意地喊"嘿,南森,动一下你的屁股!"也许对一个17岁的男孩完全合适,但我建议对其他人慎用这种语言。如果你在本子上用潦草的手写提示,提醒你的哥们儿带上他多余的帐篷是合适的。但如果你请求你的房东延长你俱乐部会所的租期,用这种方式显然是不合适的。

举例说起来容易。但是也需要视情况而定。你的队伍中是否有需要特别关照的敏感情况——比如,在政治和宗教信仰方面,也许在选择语言时,比平常需要更多关注?你队伍里是否有非本土人,无法理解你的玩笑和双关语?队伍中谁需要你再三指导?你之前听到谁提到过想要打退堂鼓?你越对队员投入更多的个体关注,越能有效地和每个人都进行沟通。

花时间和努力对队伍中的特定人员调整交流方式,而不仅仅是传递信息。这也是为了对那些找你做向导的人所产生的影响负全责。让你尊重这种责任并不是苛刻的要求,而是衡量你对他人的关怀,以及当他们和你在一起时所获得体验的质量。这是优秀领队的必要品质。

做一个好的聆听者。即便你不能接受,也要对他人的意见进行重视。和你带领的队员创造和保持对话。具体的讲,就是定期检查队伍中的每个成员,特别是如果你感觉到有问题,不要满足于他们敷衍的回复。当你问"你怎么样?"得到的是"哦,我挺好"这种社交用语时，并不属于有效的沟通。虽然没有必要过于焦虑或爱管闲事，但是一个好的领队真心要对队员的情况在意。

征求反馈意见。鼓励你的队员对你的表现进行反馈，是你作为领队，进行学习和成长的重要途径。获得诚实和直接反馈的最佳途径就是主动去问，并向人们解释你为什么征求反馈。你的队员会尊重你的这种要求，并且往往都会给你一些建设性的意见。

认真评估反馈。公开的反馈要比个别反馈更值得关注。如果有的评价很离谱，那么将这种评价与其他了解你的人分享并进行核实。

> 我已经干户外探险领队这行有21年了，我看到过人们各种各样的问题，99%都是因为沟通的问题引起的。沟通意味着尽可能在制定决策过程中也带上你的团队。如果人们觉得他们的观点至少被考虑了——即便最后没有采纳——也可以给他们的态度带来很大改变。留点时间解释你的决策，特别是决策的理由不那么明显时。比如，在天气晴朗的一天，当你因为知道前面那块看似没有问题的斜坡会发生崩塌，而决定往回走时。如果你可以像那些不明白你想法的新手认真解释原因，将会避免很多麻烦。
>
> —— 彼得·惠特克，攀登者/向导，巅峰探险旅行公司

做公开演讲。我知道户外领队宁肯在没有绳索保护的情况下攀登一座垂直的悬崖，也不想进行公开的演讲。但也肯定有些时候，户外领队有责任讲授课程，主持会议，或者作报告。你当领队的时间越长，你越有可能被请去做一些类似公开演讲的事情。

115

没有必要对在公众面前讲话而感到惊慌。核心忠告就是既要了解你讲的主题,又要了解你的听众。一个书面提纲是个不错的主意,但你作为演讲者的举止更加重要。要机灵些、自然些、随意些——不要害怕表达你的感受。要表现出你关心那些听你演讲的人们。讲一些故事,如果有可能的话,邀请你的听众参与其中。虽然你的角色是一位信息传递者,但是你也可以把听众当作是前来学习的。

做好准备。

- 做一些研究;好好了解你的主题。
- 提前了解你给什么人讲。他们都有什么样的经验,抱何种态度,思想意识如何?了解他们的能力和知识程度,你的演讲既不能太普通也不能太高深。
- 将你想讲的写成提纲。大多数的演讲都遵循一个大概的模式,基本上要回答下面这些问题:
- 我是谁?
- 要讨论什么事情、问题、质疑,以及听众们为什么要关心这些?
- 我关于这些话题的想法是?
- 为什么我觉得我的想法可行?
- 我希望我的听众怎么做?

自我介绍。先从介绍你自己开始。除非你是在一个正式场合向大型群体做演讲,否则你可以让你的听众也介绍一下他们自己。让他们不仅介绍自己的名字,也简单介绍一下他们的背景,还有他们对这次会议的期望。通过快速的破冰,你将能创造一个舒适的气氛,在这种氛围下,人们更善于接受你所说的。

灵活一些。优秀的演讲总是带有一些他们的自由发挥。除非有绝对的必要,如果没有什么事情驱使你,不要拘泥于计划或大纲。比如：

你在丛林徒步期间给队伍进行了一次可食用植物的演讲，而一个9岁的孩子用一个关于蘑菇的问题打断了你。你可以告诉他等到你讲蘑菇部分的内容时再讨论，但这样会有打击他热情和好奇心的风险——也会让其他人不好意思再中途进行提问。或者你可以用一个简单的答复来应对这种情况，这对讨论来说不无益处，同时对你的整个团队来说，也使得你的演讲更加随意和亲和。

要"以人为本"。
- 保留你的风格和自然的语言。
- 讲一些故事，特别是你自己的故事来表达观点。
- 真正对人们关心的和提问的内容感兴趣。
- 在时间和环境允许的情况下，在你演讲时多做分享。
- 不要对表达自己的感觉而感到羞涩，或者不要羞于唤起听众的感触。比如：

你试图说服你的俱乐部投入时间和金钱去修复大熊山上的防火瞭望塔。大家肯定想要听到预算、维修许可、日程安排以及其他细节。除非你能够触动他们，否则他们不会动摇。用让人兴奋的表达方式描述这次挑战。用清晰和引人入胜的方式，描绘一个完整的计划愿景。让你的听众也感受到你的热情。

提供要点。听演讲和读书、读杂志不一样。听众们不能往回看，并查找他们错过的要点。因此，特别是在比较长的演讲时，在你开始演讲不久后，就告诉你的听众你讲的要点是什么，而在结束前，简要地再把这些要点向他们进行提醒。如果有大量的要点或技术数据，是可以分发一些书面提纲的。

把听众当作学生看待。不要以你"特牛的"知识来趾高气昂地和听众说话。演讲难点并不是让他们把你当成权威，而是用你分享的知识来激发他们。除非你讲的是必须严谨对待的技术，比如实施心肺复苏术（CPR）或者操作绳索下降，不要担心一开始就要做得面面俱到。给听众留一些时间和间歇来激发好奇心，来思考未知的问题，提问题是很好的方式。

把自己当作老师。尊重你所从事的这件事情。对于其中一些听众来说，你的演讲将会是他们学习你所阐述主题的唯一机会。对于其他一些人来说，你的演讲也许会激励他们，使他们将来自己对这个主题进行研究。

公众演讲，就和其他各种形式的领队沟通方式一样，需要留意对细节进行有序的组织。不论何时，一个成功的演讲，最关键的要点就是你要尽可能关注到在座的所有听众，以及为你给他人带来的影响负责。和你的听众之间建立深层次的联系，贡献自己。不仅仅传递你的信息，还要让他们知道，你不仅仅是他们的老师，还是他们的朋友。

学着去带队

有效沟通

- □ **确保你的沟通既完整又准确**。你要设身处地地考虑听这些信息的人或读这段信息的人。什么是他们需要了解的?
- □ 准确将信息传递给真正需要的人知道。
- □ **用恰当的方法来发送你的信息**。越是用亲手传递信息的方法,越是能快速引起接收者的注意。用书面的提示来保存口头沟通的内容。
- □ **确保信息要及时**。需要较长时间进行反应的期望和要求,需要提前做好沟通。
- □ **确保你的信息如你预期的一样顺利传达**。打个信息跟踪电话以便再次确认。让对方将复杂的信息再给你复述一下。在必要时开发备份的口令。在信息引起麻烦前,澄清其中的歧义。
- □ **不要发送有多重意思的信息**。留意你语言中的内容、你的预期、你肢体语言之间的关系。
- □ **友善对待和你进行交流的人**。尽可能地亲切并坦诚些,鼓舞他人跟随你的领导。
- □ **沟通因人而异,为各类人的沟通负责**——特别是你的听众包括不同年龄、不同背景的男性和女性。
- □ **做一个好的聆听者**。即便你不能接受,也要对他人的意见进行重视。和你带领的队员创造和保持对话。
- □ **对你的表现征求反馈意见**。

学着去带队

做公开演讲

- ☐ **做好准备**。
  - 为了深入了解你要讲的主题而做一些研究。
  - 提前了解你给什么人讲。
  - 将你想讲的写成提纲。
- ☐ **作介绍**。先从介绍你自己开始。除非你是在一个正式场合向大型群体做演讲，否则你可以让你的听众也介绍一下他们自己。
  - **灵活一些**。优秀的演讲总是带有一些他们的自由发挥。
- ☐ 要"**以人为本**"。
  - 保留你的风格和自然的语言
  - 讲一些故事，特别是你自己的。
  - 真正对人们关心的和提出的问题感到有兴趣。
  - 在时间和环境允许的情况下，在你演讲时多做分享。
  - 不要对表达自己的感觉而感到羞涩，或者不要羞于唤起听众的感触。
- ☐ **提供要点**。
- ☐ **把听众当作学生**。用你分享的知识来激励他们。
- ☐ **把自己当作老师**。将你所从事的视为重要的事情。

第十章　勇气

　　那些善于在考验中承担风险的人，会不断在挑战的情形中寻找答案并在这个过程中探寻意义所在。他们从事着有风险的活动，而且知道他们所从事的事情对自己而言意义非凡，尤其是在他们迈向更深层次的自我的时候。

　　勇气有着非同寻常的意义。在我们的文化中，勇气在各种神话故事和传说中始终是一个不变的主题，也正是它创造了我们的历史，并激励着我们创造卓越。在我们尊敬的那些英雄人物中勇气是一个非常重要的人格特征。

　　就每一个人而言，勇气是那个能够使你在活动中成为领袖、面对危险和风险的时候使你高效运转的因素。在本书的第二章里我们描述了如何营造一个使自己成为领导者的愿景蓝图。在这个自我创造的形象中如果能够认识到自己具备应对任何挡在你面前困难的勇气将会比什么都重要。也正是这份自信有助于你挖掘出更深层次的那份冷静，然后鼓起勇气并勇于实践。

> 我认为评估风险这一点非常的重要。优秀的领导者对于生命以及生命中能够做些什么有着强烈的好奇心，他们乐于挑战，如果你远离风险，那么你的人生或许也将平平庸庸。在大自然中没有所谓百分之百的安全，所以人生也如此，所有的事情都有着一定的风险。所以我们常说，"在点燃你生命之火之前要先将双手温暖。"
>
> 在对待事情上采取一点点应对的话，更容易使你勇敢地应对诸事。不要将所有惆怅的事情一股脑地摆出来，因为如此的心急只会让事情变得更加的可怕。
>
> 通常我也会去想想我心中的英雄和偶像，比如威廉·翁泽尔德（Willi Unsoeld）[1]。并提醒自己，人在精神层面的力量是难以置信的。我曾经带领过一些盲人、聋哑人或残疾人以与众不同的方式登顶高山。我见识到了他们所做的一切，这也深深的激励着我。
>
> ——卢·惠特克，攀登者/向导，雷尼尔登山有限公司董事长。
>
> 《卢·惠特克：一位登山向导的回忆录》作者

勇气是什么？一个勇敢的行为对你而言可能是平淡无奇的，让一个五岁孩子恐惧的事情可能不会吓到一个成年人。

如果你非得让我去说出一个勇敢的人，我首先会想到谁呢？是一个冲进熊熊燃烧的建筑里的消防员？是冒着生命危险去挽救战友生命的士兵？是一个对猖獗吸毒的邻居进行巡查的警察？是高空钢丝杂技演员、特技演员、或者是登山者这样的超胆侠[2]？

---

[1] 威廉·翁泽尔德：（1926.10.5—1979.3.4），美国登山家，参与1963年第一次以一昼夜的时间登上珠峰。
[2] 美国漫威漫画旗下的超级英雄。

第十章 勇气

如果你首先想到的是这些直面身体危险的景象，那么很正常。对于大多数人而言，尤其是对于在户外环境中寻求探险的我们而言，勇敢地面对身体层面的风险是勇气体现的主要一个类别。

在我过去的岁月中，我认为的勇气主要指的是身体层面的。我经历了无数次的风险，他们大多数都是身体层面的。例如，我缓慢地攀爬在一面冰岩混合的陡峭岩壁，躲避来自阿尔及利亚恐怖分子和游击队员射来的子弹；应对偏远地区的恶势力、雇佣军以及军阀势力。承担身体层面的危险已经成为了我生活的一种方式，而且我对此也应对自如。

但是在我30岁的时候，我开始将身体层面的探险和风险承担如何影响我的人生这个更深层次的话题来思考了。我开始应对那些曾经避开数年的对我自身意义及关系的挑战。当我在这条道路上追寻答案的时候，好像突然间我过往人生中所有身体层面的风险都变成了最为容易的风险，尤其对于一个强壮年轻的男性而言更是如此。

困难的风险是那些着实吓到我，考验着我心灵的风险，而不是仅仅身体层面的风险。这些风险有：

- 承认错误并从中吸取教训。
- 尽管有失败的恐惧，也要尝试并坚持一些全新的事物。
- 建立关系。
- 冷静并富有同情心地应对冲突，尤其是在情绪开始失控的时候。
- 对于一个不受欢迎的主意，如果自己认为对，也要站起来支持它，哪怕自己知道自己会因此而失去朋友、金钱或者地位。

诸如此类的风险如潮水般地从各个方向涌向自己。当然，每一个这样的风险对我而言都是一次与众不同的痛苦，而我也经历

123

着别样的学习和成长。与身体层面的风险相比，这些考验着我精神的风险更为频繁地挑战着我们大多数人，在户外领导中也是如此。这进一步地阐明了关于**勇气的定义，即勇气就是直面让你恐惧的事物**，这些事物既包括那些精神层面的风险，又包括身体层面的风险。

勇气所指的并不是远离恐惧。只有傻子才会毫无恐惧。勇气是做正确的事情的能力，尤其是在你恐惧害怕的时候。

在各种情形下你需要多少的勇气取决于你对风险的认知有多少。如果你认为风险很小，那么也就用不着你大动干戈去应对。但是如果风险让你恐惧得不知所措，那么你可能就需要相当大的勇气。关于应对让自己恐惧的情形，这里我们给大家提供两个基本的策略：你可以降低感知风险；也可以选择鼓起相当的勇气来应对眼前的挑战。

> 学着做一个勇敢的人始于你一个人的时候。对我而言，成为勇敢的人很大程度上要思考一下自己曾经的阅历。作为一个孩子，我拥有着无数的冒险经历。作为一个攀登者，领队和向导，我也经历了许多的危急情形，有些情形遭遇了死亡，其中就包括1981年雷尼尔山雪崩造成11人死亡。我曾经经历了可以说是最为糟糕的情形，我知道无数次当置身其中的时候，在接下来的2分钟或20分钟的时间里，只能扮演像骰子一样的角色。
>
> 当人们想知道在面对一个危险或潜在危险的情形下为什么我会选择如此处理时，我希望能够回放所有我所经历的事故，以及所曾经面临的危险程度。我勇气的一部分是来自于尊重眼前所发生的事情，并对事情的糟糕程度有一个很好的认识和理解。

> *永远不要让恐惧站稳脚。永远不要仅仅是坐在那里，并想象着所有糟糕的情形。这样的方式常常会让情形变得更加的糟糕。*
>
> ——彼得·惠特克，攀登者/向导，巅峰探险旅行公司

通过增加你的控制力来降低感知风险。最大的风险几乎都是处在你必须面对的那些未知或者认为超出自己控制力的情形。一个有效应对感知风险的方式就是增加你在紧急情形下的掌控能力。你可以按照下面的方式做：

- 增加你的知识储备
- 获取正确的工具
- 获取经验
- 获取帮助

下面的事例可以很好地说明上述这四个因素是如何有助于增加你对危急情形的控制能力，并降低你的感知风险。

萨利带领了多年的户外旅行，但是在今天之前，她从来没有处理过比较大的事故。活动过程中，一个初学者将他自己身体重量完全放在了一个松动的岩石上，结果从布满片状岩质地的碎石斜坡上跌了下去。当萨利和其他的团队成员到达他跟前的时候，看到鲜血从他全身十多个伤口流了出来，其中的两个伤口非常的严重，此外你队员的左腿也遭受了一个复合型骨折。此时的萨利考虑这个人可能是绝佳急救对象了。团队中的一些人已经开始变得有些惊慌失措了。对于萨利而言，只有有限的时间来实施急救。另外，她还要迅速地组织团队中的

其他队员将伤者转移出这个危险的地形，并尽早地送到医院。她需要完全地控制住自己，并能够冷静、自信地进行沟通交流，尽管此时的她对恐惧的感受就如芒刺背一样。

萨利通过增加她对这种困难情形的控制力来减轻她对的感知风险。她所需要做的就是做一个深呼吸，然后提醒自己她在上个秋天刚刚完成了一个红十字急救的复训课程，她所带领的团队也能提供充足的急救支持，而且自己有着数年的领队方面的训练和经验。与此同时她知道一旦伤者稳定了下来，就能够派出一个最为强壮的成员返回到公路去寻求帮助，而且极有可能在天黑之前就能到达。

萨利所面临的情形虽然非常的危急，尽管如此，这也好过比萨利和同伴没有任何训练和经验、没有合适的装备以及不具备寻求帮助的方式和知识，然后再面临严重的伤害的情况要好。

在这一系列类似的情形下，如果没有这些降低感知风险的因素存在，想必很多人都会感到无法掌控。他们将自己所处的情形形容成"被突发的事情搞得不知所措"或者"倒霉运"。他们恐惧的水平也会随之上升，这让他们感到更加的无法掌控，进而进入到一个恶性循环。随着他们掌控能力逐渐下降，感知风险就会渐渐地上升，他们就会陷入到恐慌的境地。这就是为什么迷路的徒步者感到那么的惊慌失措，以至于他们跌跌撞撞地虽找到了道路但又继续走入到另一端的灌木丛。

应对恐慌。如果在你所处的团队中间有人开始变得惊慌失措的时候，集中自己所有的注意力来帮助这个人，使其尽可能地冷静下来，如此一来他就能够识别并使用他原有应对恐惧情形的控制力。

第十章　勇气

- 清晰了解他的真实感受。（我知道你受到惊吓）
- 清晰地、冷静并诚实地说出他所处的情形，以及改善这个情形的途径。不要撒谎。（如"不要担心，雪崩不会在同一个地方发生两次"。）
- 详细地描述接下来要采取的措施。受到惊吓的人对于未知的恐惧远胜过已知的危险，如果找到了他们恐惧的相应答案，他们会感到舒服许多。
- 如果时间允许，分享一下当自己遭受惊吓并仍旧能够很好应对的故事。
- 保持你的幽默感。一个恰到好处的幽默确实能够帮上很大的忙。

> 我的朋友丹尼尔是一个享有声望的攀登者，他告诉我一个赤脚在火上走过的故事。这个过程需要全身心的专注，并清除脑海中的杂念。他建议我应该尝试一下。
>
> 我告诉他只有疯子才会这么做。对于赤脚走过燃烧未尽的木块，我没有一丝的意愿。尽管我最终答应和他一起前往林区，但是我表示仅仅是为了参观一下。
>
> 一根根的原木被堆到了肩部的高度，而且需要数小时的时间让原木燃烧到坍塌下去，以供丹尼尔将燃烧后的木炭做成一个 3 米左右长，厚厚的并闪烁着火苗的火床。他活动活动了赤裸的脚趾头，并盯着火堆研究了一儿，然后就走了过去，厚厚的灰烬上只留下了黑黑的脚印。
>
> 效果的确让人吃惊。深入脑海深处的生存直觉告诉自己没有哪个人能够踏入大火之中而又能毫发未损，但是刚刚的景象证明了有人确实做到了。我也脱掉了我的

鞋，走过了炭火，让人吃惊的是我感受到了只是木炭的结构，却并没有感受到它们的热度。

当我到达火堆的另一端的时候，丹尼尔对我说到："一旦你看清了事情的本质，你就会知道它可以被完成，恐惧只是迷雾和假象。"

我时常会想起那天晚上的情景，尤其是我和一群人深处偏远地区的时候。通过实际验证，有些事情是可行的方式来进行领导，但是所有事情的重点都是关于勇气的。

作为一名户外领队，我们最终发现深处困境中的时候我们必须克服自己和他人的恐惧，勇敢地做出应对。如果我们能够看清楚所处情形的真相的话，那么答案往往会自然而然地出现在我们眼前，不论是一次暴风雨、一个雪崩、骨折的腿脚还是一个迷路的徒步者。这些情况的应对方式可能会相当地具有挑战性，但是至少我们可以知道该朝哪个方向去着手。

在危急的情形下，领导力的关键不是拥有所有的答案，而是拨开外在的迷雾和假象，并着手第一步的工作，哪怕我们有着一定的顾虑。这就是勇气开始的地方，这个概念就像火堆中的脚印一样难以捉摸，但是一旦你看得透了其中的真相，所有的事情皆有可能。

——罗伯特·伯克比，偏远路线探险队领队，《童子军手册（第10版）》作者

为下一次做好准备。不管在上一次的事故中你处理得是多么的出色，寻找那些能够让你在接下来的情形中增强控制力的因素。参加一些培训课程，并向其他更有经验的人请教在他们所遭遇情

形时他们又会如何做；如果需要获取更好的和更完备的工具；探索额外的求救路线，或许是联系附近的巡逻站，搜寻或者救援组织。

通过追寻意义来寻找勇气。通过增强在危急情形下自己的控制力来降低感知风险的策略也只能让你止步于此。感知风险不可能被完全消除，你仍然会面临危险，并经受恐惧。

应对危急情形的第二个策略就是增加你处理此种情形的勇气。

当我努力使精神和探险中的身体一样勇敢的时候，我发现无论是在城市还是在大山中，那些承担风险的人都将注意力集中在了这些危险活动本身所带给他们的积极意义上。他们认为风险是他们所追寻富有意义的旅程的一部分，这条道路理所当然他们非常喜欢而且愿意坚持为之奋斗。风险不会消失，但是在更宽泛的理解中，与一个3米左右的高墙相比它更像一个减速带。它们似乎更值得去追寻，而且这些追逐风险的人也变得更加乐于并信心满满地承受风险。让我们换一种方式来看待这件事情，相对于道路上所面临的风险，他们看重的是其中所承载的意义，并且在这些意义的鼓舞下，他们在面临风险的时候表现得跃跃欲试。这对于任何一个人都可以做到。

让我们看下洛伊斯·吉布斯的故事。作为一个年轻的家庭主妇和母亲，当她和拉夫运河（Love Canal）的其他居民得知他们的房子被建在了一个有毒的废物垃圾场之上的时候，突然间，她所热爱的一切，以及一切对于她具有意义的事物，包括她的孩子都处于一种危险之中。吉布斯开始了她的战斗，刚开始的时候，在她敲响第一个居民的家门之后，她是如此的害怕会放弃掉她第一次的社区活动。通过不断提示自己相关的事情，她最终还是率先付出了巨大的努力来帮助重新安置所有的拉夫运河居民。第一次的胜利之后她并没有停下脚步，相反她继续为有害废物寻找居民交换站以帮助其他被有害物质所困扰的社区。

洛伊斯·吉布斯在环境运动中成为了全国性的公众人物和政治层面的权威人士。使人们安全地远离有害废物对她当然非常的重要，但是正是事情本身所带给她的意义给了她所需的勇气。

在我三十岁之际，诸如像洛伊斯·吉布斯一样的人在所面临的挑战中发现的意义以及在应对挑战过程中所表现出来的勇气，这二者之间明显的关联给了我所需要的启示。最终，我还是在发展勇气方面找到了一条道路，那就是要承受些风险。这些风险在那个时候会考验着我的精神，并且在一定程度上限制着我个人以及职业生活。

但是在这条道路上我迈出了非常大的一步。如果我所需要的勇气取决于富有意义的挑战呼唤它，那么我此时需要回答的就是一个人生中老生常谈的问题：是什么让事情变得有意义了起来？

我将用一个故事来帮助我解答这个问题。这个故事发生在十二世纪时期，这个由教皇派出的人据说是历史上第一个真正意义上的管理顾问，让他来监督巴黎圣母院的建设情况。

当顾问到达了工作地点巴黎之后，他开始和工人们交谈。前两个是石匠工人，然而第三个却是一个身材矮小的老妇人，她的工作主要是清扫碎石残渣。

顾问询问第一个石匠他在做什么。

这个石匠顿时咆哮着对这个顾问说："你难道看不到吗？我是一个石匠，我正在为了维持家庭的生计而工作。"

然后，顾问以同样的问题问了第二个石匠。这个人用手在没有完成的教堂之上左右地挥舞着，然后说："我正在完成一个雨漏，这个雨漏将要被安放在拱壁之上。"

顾问最后将他的问题同样抛给了那个老妇人。现在，需要一个世纪的时间来建造一个大教堂，这个老妇人也许在巴黎圣母院建成之前就已经早早地去世了。尽管如此，她放下了她手中的扫帚，并转过身朝着将会建成的大尖塔的方向。最后她转向了顾问，然后说道："先生，我在建造一个大教堂，这样人们就能够和上帝进行对话了。"

从那个老妇人和洛伊斯·吉布斯（以及我自己的生活中）的故事里我们可以看出那些人是从他们生活中发现了意义所在，而不是从他们所拥有的或所处的社会地位中获得的。他们发现投身于理想之中要远胜过他们自身以及自身的需要，尤其是服务于他人的理想。对于洛伊斯·吉布斯而言就是要帮助他人保持健康，而对于老妇人而言则是帮助人们与上帝进行对话。在户外领导力中，服务可能包含保证全体成员的安全、使活动保持在正确的轨道之上、帮助人们克服一些重要的个人障碍、又或者是寻找其他的方式来丰富他们的生活。

我所说的话你可能不太相信，那么就多看看自己的人生经历吧。难道不正是"投身于理想远远大于你自己"这件事让你的生活变得更有意义吗？尤其是当这种理想服务于他人的时候。难道不正是这种承诺造就了热情、激情和力量吗？这种承诺常常能够在被我们认为过着有意义生活的那些人身上发现。

现在让我们将这些内容放到户外领导力中。还记得前面故事中里的萨利吗？那个应对严重事故的户外领队。尽管她受过相关

131

的培训，富有经验，并装备齐全地处理所面临的事故，但是之前她从来没有碰到过如此严重的情况。此时此刻唯一有助于帮她摆脱困境的就是将所有的注意力都放在她所处情形中并找到个人意义。

那么，对于一个浑身是血，严重受伤的攀登者，且距离任何地方都要1000多米的状况我们又能从中探寻出什么样的意义呢？答案就是领导力在萨利的生活中占据着什么样的角色。萨利作为一名领队已经接受了数年的培训，靠着专业的知识和经验，她也逐渐积累了相当的自信心，这份自信心也渗透到了她的生活中，并影响着她的自我形象和关系。与此同时她也意识到，并享受着将领导力作用在他人生活中所发挥的积极意义上。领导力在某种程度上对她个人来说是有着深远的影响，与此同时这也融入到了她的价值观以及事情轻重缓急的整个网络中。

萨利从一开始就懂得迟早她都要去应对将自己推到极限的情形，不知不觉的，她也可能会预料到它。不管如何，她就在这里。她参加培训并时刻准备着，但是现在她需要做的不单单是从她领队角色的能力层面表现出来，而是从她更深层次原因，即她为什么要带队。当她战战兢兢地努力照顾受伤的攀爬者时，那么提醒她自己这一点可能是此时她最需要的勇气来源。

让我们试着考虑这样一个不那么开心的情形，在另外一个山地旅行的活动中，领队克里斯需要应对一个因为急性胃部疼痛而蜷缩在一起的徒步者。克里斯的遭遇和萨利是一样的困境，虽然拥有着和萨利一样较强的专业能力，但是二者不同的是，他在领队这个角色上从来都没感觉到舒心。他之所以带领攀登活动是因为攀登离不开他，毕竟他已经攀登了五年之久了，并且他也要完成在俱乐部中他所承担的工作。

世界上所有的知识、培训以及经验都不会给予克里斯在危机情形中所需要的勇气，而这份勇气恰恰会给他的领队角色提供更为深远的意义。他无法将所有的注意力集中在原本不存在的事情之上。面对一个棘手的情形，他第一个想法不是"我已经做好了准备，让我们开始吧！"，而是"为什么这件事发生在了我身上！"他可能依然会敷衍了事地处理眼前棘手的情形，但是没有那个意义所提供的稳固中心，他可能会比萨利更易于陷入到恐慌的状态中，做出糟糕的决策，并削弱团队中的士气。

还有发生在我身上的一个更为匪夷所思的危险经历，在关于勇气的意义所带来的影响方面提供给我们了一个极好的说明。

在 1980 年的 10 月份，我所乘坐的邮轮半夜时分在北太平洋的海面上着火了。当火势蔓延的时候，550 名乘客和船员都被引导向了救生船。因为是新的邮轮，所以说所有的人都没有想到它会着火，任其自然下沉。上救生船的过程一片混乱，95 个人同时挤上了我们所乘坐的救生船，然而船头的位置的标记却清晰地写着"最大载员 48 人"。

这个严重拥挤的人群更加加剧了原本就非常恐惧的气氛。我们此时距离阿拉斯加海岸还有 200 千米左右。失温的情况也开始出现了，在我们等待黎明，盼望着最早的一个救生直升机能够出现的时候，一场即将到来的暴风雨更是将我们置身于严峻的境地。

在救生船中有大约十多个船员，而且还有几个高级船员。他们中没有任何一个人进行指挥。如果说他们做了些什么的话，就是他们的牢骚声和抱怨的声音比其他的任何一个人都要大。此时，在拥挤不堪的人群中突然站出了一个船员，却惊慌失措地大声叫喊到"我们所有的人都会死"。其他的一些人也开始哭哭啼啼起来。一波恐惧的气氛瞬间笼罩了整艘救生船，就像海水将我们打湿了一样。

就在这个时候，来自新泽西古老的家庭的家庭主妇一个大约70岁的老妇人，一个在歇斯底里的船员旁边站了起来，并朝海员的脸上打了一巴掌。在老人教训他恶劣的行为的时候，那个人停止了咆哮，并看着老妇人，静静地伫立在那儿一动不动。他坐了下来，面带羞愧。哭泣声也停了下来。有人开始带着我们歌唱，恐惧慢慢消失了。

这位了不起的妇人所感知到的恐怖情景当然不比船员们少，当然我也不认为她的恐惧比我们任何一个人少。经受着失温，眼睁睁地看着暴风雨即将来临，在这种境况下如果救生船上的任何一个人不感觉害怕的话，那么他一定是非人类。

将她和其他船员区分开的正是在那种危机的情形下每个人所看到的意义。尽管水手们拥有着训练技能和职业责任，但是他们所能够看到的也仅仅是保全他们的性命，职业自豪感和大家的生命安危对他们而言毫无意义。

但是那个家庭主妇在她的血液中却有着三百年美国人的自豪感。美国人总是表现得应对自如，无论是身体上还是精神上都是如此。恐慌是难以想象的，服务于公益事业是一种给予。她在公众所需的情形下表现出来的勇敢就是种自然流露，懂得如何考虑自己以及自己的角色。当直升机最终到达的时候，她是最后一个被营救的。从她犹豫的样子看，我相信她更愿意等待，直到所有的男人们也都安全了。

第十章 勇气

> 面对恐惧的时候让自己强大起来的唯一方式就是从恐惧中走出来。作为一个领队，如果你的位置是需要你帮助另外一个人走出恐惧，那么你是在帮助他们在他们自己的人生中迈过关键的一步。恐惧是首屈一指的让人衰弱的情感，会阻碍你的前进，例如恐高，恐惧死亡，恐惧失败等。你必须接受它，面对它，并超越它。
>
> 在我第一次的登山经历中，我扭伤了脚踝，当我恢复了之后，我又立即回到了那座山峰。我被马踩了一次，因此我学会了骑马。我差一点被淹死，然后我从事了深水潜水。
>
> 真正有勇气的人参加一项有风险的活动不是因为这项活动很酷，很时尚，也不是因为某人让他做他才去做。他们参与其中是因为在个人层面上这个活动对他们而言意味着很多。一旦他们清楚了这一点，那么在危险的情形下他们就会承担相应全部的责任，并且能够很好地处理这种危险情形。
>
> 每个人都经受着恐惧，那么最终生存下来的一定是能够直面恐惧、并能继续前行的那个人。如果你不是这样的人，那么你可能会变得不知所措、不满、甚至发怒。你必须设法克服种种不适，并专注于你的目标。
>
> ——劳拉·埃文斯，探险启迪公司董事长/首席执行官，《我人生的攀登》的作者

做一个榜样的重要性。从我那个来自新泽西的英雄身上学习的最后一课是关于在危机情形下作为一个榜样的巨大力量。当那个人在救生船上陷入恐慌的时候，甲板上的一些游客也开始跟他一样恐慌起来，因为他们发现他是船员中的一员。那个家庭主妇

所做的就是呈现出一个更加富有力量的榜样，用来消除人群中那些消极的情绪和行为。

尤其是在户外环境中，总有可能遇到突发事件、天气或者严峻的灾难考验着你和你的团队。如果你团队中的某人开始恐慌，你作为领队的榜样作用就显得极为重要，然后带着自己所需的那份勇敢，去应对挑战并激励他人跟随自己的指挥。

> 作为一个领袖无论在什么时刻都应该是自信的，甚至可以存在妄想。
>
> 你需要乐观的成为勇敢的人，并能够应对那些无法控制或即将无法掌控的局面。你乐观的心态是关键所在，因为在某种程度上领袖就是众人的榜样。领队的态度对于整个团队而言极为重要，作为领队更不能以心烦意乱的状态出现。
>
> ——彼得·惠特克，攀登者/向导，巅峰探险旅行公司

> 勇气是人自身一个让人惊讶的特征。我也曾见到过一些人接受了多年的训练却在危险的情形下崩溃瓦解，与此同时的另外一些看起来不怎么有能力的人却在危险的情形下表现出色。
>
> 那些我所说的在危险情形下表现出色的都是坦率、豪爽的人，他们不会掩饰他们自己的个性或者不足，非常的真实。上面的这些信息都表明了这类人都有着较强的自我力量。那些认为应该保护他们自尊心的人非常有可能在危机情形下变得不堪一击。
>
> 我曾经和一个带领直升机滑雪项目的家伙一起工

作,这个家伙技术全面,但是一到情形严峻的时候就变得不那么得心应手了。他更为关心的是维护他自己的形象,而不是出色地完成工作。例如,某一天的下午,他正带领一次高山直升机滑雪活动,我看到他正朝着一个比较糟糕的斜坡行进。我冲着他叫了起来想让他停下来,但是他则不愿意。毫无疑问,这就意味着我们所有的人需要爬回去。所以从那时起他就做了一个极为荒唐和危险的决定,因为他感觉好像非常丢脸。对于这个人而言,我认为他考虑一切事情的出发点就是维护自己的形象。

对于户外领队而言也意味着要能够说"不"。我也曾带领过高山直升机滑雪活动,我们被放在了一个美丽的高山之上,此处好像遥不可及,并有着30度的倾斜角度。不幸的是,我能够看到并感觉到这些倾斜的角度很有可能会发生雪崩,所以我带着我的队员朝向了另外的一个方向。当我这么决定的时候,其中的一些客户生气地说道:"你们都是胆小鬼吗?"并抱怨道他们要对得起自己的花费。

不管这是一次高山直升机滑雪或者其他的什么活动,遇到这样的一种情形,你只需要坚定自己的立场。此时的你向他们解释你之所以这么做的理由是什么,而且以我自己的方式我会再次地强调我更希望寻找非常棒的滑雪路线并保证每一个人的生命安全。但是你绝对不能妥协。如果一旦你妥协了,你所带领的队员从现在开始就会忽略你的存在,与此同时你的信誉也就会随之破灭。

——沙伦·伍德,探险动力公司,
第一个登上珠穆朗玛峰的北美女性

学着去带队

勇气

☐ 勇气是什么？**勇气就是直面让你恐惧的事物**，这包括精神层面的考验，也包括身体层面的考验。勇气就是坚持做正确事情的能力，哪怕是你处在恐惧之中。

☐ 你应对某种情形时所需要多少勇气和你对风险的认知两者是一致的。这也就说明了两个基本的策略：你可以降低你的感知风险程度，或者增加足够的勇气来应对眼前的挑战。

☐ 通过增加自己的控制能力来降低感知风险的程度。你可以通过如下的方式来做到这一点：

- 增加自己的知识。
- 获取准确的工具。
- 获取经验。
- 寻求帮助。
- 应对恐慌。如果你所在的团队中有人开始失去控制。
- 要明确你真心地关注他人。
- 清晰、冷静并真实地讲明所处的情形以及你改善这种境况的策略。
- 详细描述需要采取的措施。
- 如果时间允许的话，分享一个有关自己经历恐惧的故事。
- 保持你的幽默感。
- 为下一个时刻做好准备。不管在上一次的事故中你做得有多么的出色，寻找可以让自己能够在下一次的情形下增加自我控制力的方法。

- **通过寻找意义来探寻勇气**。那些善于承受风险的人会将注意力放在此情形所带给他们的意义上。他们从事带有风险的活动，并且知道他们眼下所做的事情在更深层次上对他们有着重要的意义。
- **成为一个榜样的重要作用**。尤其是当你的团队中有人开始恐慌的时候，你作为领袖的表率作用就显得格外重要了。

第十一章　团队建设——愿景领导力

团队建设是一个复杂、综合的过程，需要清醒的思维、理性的判断以及一颗善良的心。但是最为重要的一个元素就是你要具备一种能够激发行动、并使每一个个体充分发挥出他们潜能的能力，并且传达出这个事实。这种能力有助于提供成功所需的凝聚力，导向以及驱动力。

任何一项需要努力合作付出的任务都需要团队协作，无论是划一个八人赛艇，攀登一座八千米的山峰，还是组织一个海滩清扫活动都是如此。

一支优秀的团队不仅仅是一群人在共同的目标上达成了共识。一个优秀的团队是一个充满魔力的群体，因为它能够让团队充分发挥出它所拥有的巨大潜力，而不仅仅是其中的每一个个体力量的简单相加。

在大学里我是赛艇队的一员，我非常地热爱划艇这项运动。

其中一个让我为之着迷的原因就是它能够让我始终保持攀登活动中所需的良好体形。但是除这个原因之外，让我更为着迷的深层次的原因就是划艇所需要的高度一致性。作为团队的一份子，这是我人生第一次接触到这个如此完美体现团队协作的运动项目。当我们八个人在划艇中以完美的频率和稳定的姿势重复划桨的时候，能够感觉到那种逐渐增加的力量不是由我们中任何一个单独的个体产生的，而是八个人作为一个整体而产生的。此刻的我们成为了一种精神，一个拉伸机器，一个最终意义上的团队。

当一件事情需要投入大量、长时间和复杂精力的时候，团队建设的重要性就凸显出来了。这个过程对于小一些的热身活动而言也非常的管用。一个周末的雪地徒步活动可能不需要一个配合完美的团队，但是你安排的任何团队建设活动都会有助于你的整个活动行程，尤其是在接下来几天的行程中可能会发生冲突或危机的情况下。

组建并带领一个团队需要一系列卓越的领导品质，比如计划，做正确的决策，承担责任，关心，沟通，应对冲突和压力等。这里，所有的这些都融合到了一起。本章节也将带你从最初的一步——组建团队开始，在各个团队成员之间建立信任，进而产生一个能够激发和带领团队成员实现团队目标的愿景。

谨慎地选择团队成员。"魔力"就是那个让团队的力量远远超过团队个体力量简单相加的神奇力量。那么所有的团队成员都符合标准，并为团队做好准备了吗？所形成的团队是否具备一些帮助团队实现目标的力量和技能因素？如果还不具备的话，那么你又能否招募到有能力填补这些缺口的人选呢？

在一些俱乐部安排的活动中，你选择团队成员的权利是非常有限的。但尽管如此，你还是有一定程度的否决权。那么请充分地利用好这份权利。在现实生活中，大家都不喜欢说"不"字，所以你非常有可能让一些不具备活动条件要求的人加入到团队中来。

在团队目标上要尽可能早地达成共识。如果在团队目标上存在着什么不清楚的话，你就是在自找麻烦。如果你的团队中有一半的人下定决心哪怕是在雨中露营也要登顶，而另外一半人则是希望有一个好天气的攀登体验，那么如果天气真的变得糟糕了你就会面对一个现实的问题。在计划的起始阶段进行一个关于团队目标的讨论，并在这一点上使大家达成一致，然后再就应急预案做一个讨论，起码要在"原定目标无法实现的时候团队该如何做"这一点上达成共识。

在目标以及应急方案方面及早地进行讨论并达成共识是一个非常不错的保证。这就好似副驾驶在关闭舱门之前告诉你的目的地一样。我也曾经历过被现实吓破胆的人面红耳赤地叫嚷着要退出活动，或许未来的某一天你也会遇到，你永远无法知晓。

> 作为领队的一部分职责就是要建立规则，并始终不渝地坚持它。人们需要在最开始的时候就明白有哪些是他们可以做的，又有哪些是他们不可以做的。
>
> 作为一名领队必须要保证让每一个人都明白胜利并不是被给予的（例如到达顶峰）。针对一次可能存在着风险的活动，我对我所带领的团队中的每一个人所讲的第一件事情就是"希望所有的人在这次旅行结束之后还有更重要的事情去做，而不仅仅只有眼前的这件事。"关于这句话我想表达的是，希望他们理解这并不是一个不惜一切代价来登顶的旅程。我说我们非常有可能到达顶峰，但是我们同样也可能无功而返，如果真的需要返

> 回的时候我希望得到他们所有人的支持。
> ——彼特·惠特克，攀登者/向导 巅峰探险旅行公司

尊重差异。现实中的每个人都有着各自不同的技能、个性、喜好以及才能。大卫和安都是非常出色的野雪运动爱好者，但是却常常忘记停下来照顾其他的滑雪爱好者。尽管贾森的体形有点走样但他却可以完成一次南极洲的探险航行；尽管说伊恩不是最出色的滑雪者，但是她的幽默却是团队不可或缺的；詹妮弗极富分析性的思维几乎让团队中的几个人发疯，但对活动计划与准备方面的工作来说却是一份不可多得的财富。

作为领队的工作是要找到并发现团队运转的最佳方式，并使团队各个要素相互补充。从认可团队中每个人的优势着手，这也会让团队中的每一个成员都认识到自己是团队不可或缺的一分子。此外还可以让那些具有强迫症的成员慢慢地放松下来，并认识到他们无需知晓或去完成所有的事情。

在出色的团队中，对立的观点应该是一份财富，而不是一份负担。优秀的团队不是由一群机器人组成的，目标和优先顺序也不是从高到低。相反，团队是一个综合体，有时候甚至是由奉献、讨论甚至是争吵组合而成的。团队中的每个成员哪怕是存在着不同意见的时候也能够彼此信任，每个人努力做的事情不是不惜代价地去维护哪一方的立场，而是去努力寻求双方的共同立场。

授权。进行授权的好处之一就是你无须事必躬亲地应对所有的事情，授权的另外一个好处则是能够营造团队协作的氛围。当人们感觉到他们是行动过程中不可缺少的一个环节的时候，他会恪守团队的承诺。伴随着团队的成长，为了达到团队的共同目标人们愿意承担更多的责任。

授权可以讲求一定的技巧，当然授权应该在你对所有的团队成员的优势和劣势做过相应的评估之后。试着将最佳的人放到最适合的位置上去，如果你对匹配抱有太多的期望的话，此时不要再进行授权。

> 我在一个紧急搜救组织工作，它所在的国家公园是加拿大最为繁忙的国家公园之一。我们对于任何进入国家公园并遇到麻烦的人都负有责任。例如：登山者，徒步者，还有滑雪爱好者。
>
> 我是团队协作的坚定拥护者。我依靠的正是团队协作，尤其是在弥漫着强大压力，分秒都至关重要的雪崩搜救和营救行动中。如果一个人被雪崩掩埋，此时就要和时间赛跑了，如果一个小时，有时甚至是 30 分钟过去了，那么这个人可能就没有生还的可能了。
>
> 在一个雪崩营救的过程中需要同时展开一系列的行动，想要所有的事情都按照你的计划来进行几乎是不可能的。所有的事情瞬间出现在你跟前，此时作为领队就非常需要其他人在技能和资源方面的支持。
>
> 可能有人会说："我是领队，我知道所有的答案。"
>
> 而对于我而言"我知道我只是一个普普通通的人。"我需要他人提醒我，并给我一些建议。尽管你可以选择冲出屋子，然后不顾一切地奔向事故现场。
>
> 我们在雪崩搜救和救援活动中使用一个称之为"影子领导（Shadowing）"的团队协作技巧，除了指定的领队之外，我们还指定了一个叫做"影子领队"的角色。这个人在某种程度上所具备的技巧和能力与原有指定的领队不相上下。这个"影子领队"不主动参与到营

> 救活动中来，而只是站在雪崩区域边缘 20 米之外。他会以一个独立的视角，观察评估事情的结果。他可能会发现原有指定领队所忽略掉的问题，并能够提出改进的建议。
>
> ——蒂姆·奥格，公共安全专家
> 搜寻和救援人员，班夫国家公园

通过建立信任来营造一个团队纽带。纽带能够让团队作为一个整体来行动。这不是忽略个体需求和优先权，而是将他们融入到了团队之中。不是将这种纽带视为牺牲的过程，因为每一位团队成员都将这个纽带视为有益的。这个纽带并不是总是出现，但是一旦它出现了，那么整个的团队力量将会远远超过个体力量的简单叠加。

建立一个共同的目标有利于将团队凝聚在一起，但是这也可能会是一个短暂的结合过程，它会随着目标的实现或者消失而迅速消失。当团队成员开始信任彼此的时候，团队纽带的作用会变得更加深刻和牢固。

信任有几个方面的内容。技术能力有助于在团队内部建立信任。例如，如果和你一起参加野外滑雪活动的同伴在雪崩搜救技术方面都是专家级的水平，那么相对于一群初学者，你更容易对前者产生信任。众所周知，如果和你一起的每个人都能够承担起自己所应承担的角色，这种各司其职的责任感也会有助于信任的建立。

但是在团队中建立信任最为关键的因素就是关心与你同行的人，这种关怀要从以身作则开始。当团队成员感受到你作为领队非常在乎他们的需求和感受，那么他们对于你的信任将会使团队中的所有人受益。随着你设身处地的替他人着想，他们也会以你

145

为榜样,那么你作为领队所展现出来的关怀也开始在团队各成员之间建立信任。

技术能力,有责任以及关怀等因素能够建立信任。信任是营造团队的纽带,所有的这些信任的建立都是需要时间和经验的分享。事情的最终结果值得你这么做。

我们花费了三周的时间进入哈佛去攀登麦金利山的北壁,整个团队通过了山下变幻莫测的片状岩壁,并到达上方一个较为容易一些的攀冰线路。我们能够成功的很重要的一个原因就是我们已经一起攀登了大概一年的时间。我们彼此之间开玩笑说我们对彼此的了解甚至要胜过我们各自的母亲对我们的了解,这没有任何的夸张。如今,在一起经历了一个困难并伴随着几分危险的攀登过程,我们发现我们做到了这一点。

我们花了一宿的时间将物品从下方的营地送到了上面,然后我们将帐篷扎在了一片平坦开阔的硬雪上,且上方有一个5米左右的冰壁可以作为保护。那天下午晚些的时候,我们醒来准备开始第二天晚上的攀登。瑞克第一个走出帐篷,然后小心地朝前走出几米远的距离朝着雪地上的一个小洞小便。突然间他看到这个孔洞变得越来越大,然后整个的一大块黄色的雪跌进了一个深不见底的裂缝中。这个时候他才意识到我们之前搭建的营地位于一个脆弱雪檐上,雪檐下方则是悬空的。

瑞克被惊呆了,随后小心翼翼地又回到了帐篷中并以平静的口吻告诉我说,此时此刻我们正在一个60米高的雪檐上穿袜子。此时唐也开玩笑地将一只臭袜子扔向了瑞克。这个时候年长且更为老道的克里斯爬出了帐篷，并查看了周围的情况。在回来之后告诉大家说："大家注意了，瑞克没有说谎。"在他说完话几秒钟后，他的声音也开始有些颤抖了。

我们一个接一个缓慢并小心翼翼地爬出帐篷，收帐竿，然后以一种安全的方式谨小慎微地打理我们的所有物品。我们七个人中的任何一个人都在做自己应该做的事情，并尽可能地控制着我们每一个人的动作，以便能产生最小的力量作用在支撑我们的雪檐上。我已经不记得自己都说了什么话了。所有的这一切大约耗费了五分钟的时间，但是感觉却是异常的漫长。

后来我意识到，正是这个使我们成为团队的纽带让我们能够如此迅速，高效，而且就像一个人做事一样。在那个旅程中我们很多时候也会存在着分歧，但是最终又总是会达成一致。团队中强化这个纽带的信任来自于我们每一个人都能够出色地完成自己的那份工作。当时更进一步地让团队凝聚在一起的还来自于成员彼此的熟悉与关怀。

纽带的水平并没有一个标准。大多数的时候我们可能会和一大群不熟悉的人一起旅行，所以彼此的信任需要从零开始。我们可以从打破彼此的隔膜和生疏开始，利用休息的时间与自己不熟悉的人进行一个非正式的自我介绍，并鼓励他人也彼此介绍下自己。试着站在他人的位置考虑问题，尤其是当他们遇到困难的时候。关于这方面的内容你可以从关怀领导力章节的内容中得到一些建议。此时要有耐心，信任的建立是需要时间的。

尽早地识别潜在问题。人并不总是按照你所预想的那样做事情，纽带也不总是会形成。所以你需要对于那些可能会在后续时间造成大问题的小摩擦和小问题多一份警觉。时刻保持360度的视野看待问题。是否有哪个队员的技能远不及你所预想的？正当你需要人一起努力做事情的时候，安和杰夫之间的冷嘲热讽又是否会让这两个人打起来呢？西蒙热情的态度又是否会导致他低估了风险呢？

如果你对这些迹象都保持了警惕的话，那么你就能够采取有效的措施避免这些小问题最终发展成真正的大问题。例如，在团队中你可以将责任进行进一步分配，在失去控制之前调节分歧，并平静地表达出你对于任何使你担忧的团队成员都表示非常的关注。上述的这些干预措施不一定能够完全地将问题解决，但是尽早开诚布公地说出来，你起码能够有机会来消除这些问题，包括这些问题所产生的影响。

> 作为领队的一个重要职责就是要知道都有谁在你的团队中，并制定出相应的计划。我曾经给一些公司做过大量的团队建设活动。其中一些公司负责人执意向我要求，希望能体验一下河道漂流，因为我们提供服务主要是在攀登这块儿，所以我们和一些河流向导签订了相关合同以帮助这些客户在一个较大难度的河道进行一次皮筏漂流。过程当中其中的一个皮筏翻倒了，并被石头刮了一下，庆幸的是所有的人都从皮筏里出来了，并没有人受伤。
>
> 这些客户都非常有干劲儿，而且他们中的一些人都认为他们应该放开固定的皮筏。而且所有的人都开始爬到湿滑的岩石上并开始尝试着在没有专家的情形下去解决一个问题。河流向导不应该也不愿意尝试任何的控制，进而造成了混乱的局面。结果呢，造成了一个人摔断了他的脚踝。因为没有进行有效的组织和领导，这些

> 向导完全失去了他们在团队中的威信。
> 　　在我看来，向导们的错误在很早的时候就显现了出来。他们没有对他们将要带领的团队成员进行一个评估。他们应该能够预见到这一大帮狂热、并富有成就的首席执行官（CEO）们在危急的情形下一定会出现固执己见的情况。他们也应该知晓如何将这种能量及时转化为积极意义的力量。令人失望的是，因为细小的问题最终导致了大问题的发生。
>
> ——莎伦·伍德，探险动力公司，
> 北美第一个登顶珠峰的女性

建立并营造一个成功的愿景。建立并带领一个团队的关键就是要创造一个清晰、具体，大家期望并彼此分享的团队愿景。如果这个团队愿景足够的强大，它可以描绘出整个的活动轮廓，激励大家努力付出，并创造出一种使愿景成为现实的驱动力。创造一个团队愿景在任何复杂和困难的项目中都将激励着大家追逐成功，无论是在户外环境还是在其他的情形下都是如此。正如我们大家所熟知的，几乎所有的政治运动都是由这类强大的愿景开始的。

马丁·路德·金那天没有任何的乐观理由，成千上万的群众也不是迫不及待地等待着他的演讲。民权运动遇到了强烈的阻力，因为没有可以支配的金钱。人们看着马丁·路德·金能够知道这些情况，而且人群中有一部分人也感到有点沮丧。他们凝视着讲台后方孤单的身影，等待着领袖以及希望。

金简要地谈及了运动所面临的特别的一些挑战，然后就迅速地转到他真正想说的内容上。"我有一个梦想。"他说道，并随即开始勾画一个遍布全国，但是还没有实现的愿景。金的梦想成为了政治运动的一个推进器和宏伟蓝图。

愿景和团队建设。愿景在帮助个体达到个人目标方面所起的作用非常有效，不管这个人是寻觅理想的伴侣，还是通过一个法律学校或者是攀爬世界上所有的 8000 米的山峰。运动员在过去的几十年时间里常利用愿景来提升个人运动表现。研究表明，那些采用在场下观看自己命中篮筐视频的方式来提高投篮命中率的人与采用实际投篮练习来提高投篮命中率所起的作用几乎一样大。

愿景最为强大的威力不是在于提升个人的表现，而是在建立团队并引领团队前行。比如在数据分析、引导方向、协调成员、以及鼓励大家勇于承担艰巨且复杂的挑战方面都起着极其重要的作用。

- 愿景能够激励行动，并使它处于一个超乎寻常的水平上。
- 愿景能够有助于创造和保持一种动力。这种动力常常难以形容，并能够提供一个团队所需的那份额外的力量、专注以及决心。
- 愿景能够使组织和团队专注于最终的结果。一个强大的愿景常常能够让团队成员高效协作，并摒弃压力和外在干扰。
- 愿景在处理冲突、筹划复杂项目，以及处理本书第十五章中所提到的政治问题都是一个有利的工具。

创造一个愿景。得益于愿景领导力的户外挑战活动无所不在，从带领一次喜马拉雅的远征探险活动所涉及的方方面面的事务，到家庭出行应对一个突发的紧急情况。

在十月中旬，利昂娜，特德还有他们的两个孩子正

150

在进行一个已经推迟了很久的背包徒步旅行,这次旅行在荒野深处,而且是一家人这么多年最喜欢的地方。但这个地区的冬季往往来得很迟,并且天气预报的信息说接下来的四天天气都非常不错(但事实上,天气预报的信息是有误的)。在活动进行的第二个晚上,一场猛烈、不合时宜的暴风雪袭击了这家人,而此时的位置距离小路的起点仍有 9 千米,距离卡什克里克的巡逻站还有 12 千米的距离。气温瞬间降了十多度,狂风呼呼地吹着,而且在天黑之前也已经下了大概一英尺厚的雪。

第二天,整天的时间全家都选择呆在帐篷里,等待着风暴的退去。特德和利昂娜与他们的两个孩子玩起了文字游戏。两个孩子的年龄都已能够感知到一家人此时的危险处境,而且他们也开始有些害怕了。

第二晚结束的时候,降雪开始减小了,但是风依然没有减弱。此时的气温已经跌落到了零度左右。两个帐篷的缝合处被狂风撕扯得有些危险。凯文薄薄的睡袋已经起不到太大作用了,此时的他只有呆在父亲的怀抱里才能让他自己避开失温的威胁。

破晓的时候,天气并没有好转,但是利昂娜和特德决定他们必须要选择撤离了哪怕没有雪地靴。帐篷过不了多久就可能会被撕破了,即使他们还能够呆在帐篷里,却依然会受到低温的威胁。汽车毫无疑问也会被纷飞的大雪封住,鉴于这样的情况他们只有前往巡逻站这个选择。这将要花费他们更多力气才能保证他们安然无恙。

跪坐在帐篷里,特德向大家展示了指北针和等高线地图,并指出了撤离的路线——他们要停留在山脊足够高的位置以应对强力气流。为了让大家始终待在一起,

151

利昂娜用在背包里找到的一根小绳子将大家连接在了一起。大家所有能穿的衣服都穿到了身上。

这些实际的措施都非常的关键，但是如果某人开始慌乱并受伤，或者如果有人丧失了信心在雪地里停留不前的时候，那么这些措施就显得不那么管用了。此时的一家人非常迫切地需要一些东西，用以能够提升他们的士气，克服恐惧，并将他们的注意力集中在克服危机的过程中。

这里所指的这个"东西"就是愿景。利昂娜和特德此时必须要做的事情就是营造一个全家每个成员都能分享到的成功的愿景。此时的每一个人都有必要能够看到有关安全撤退的细节。

利昂娜此时说到："我们已经能够想象出来我们成功走出这里的画面了，是今天晚饭的情景，我们全部到达了"饥饿熊"咖啡汽车旅馆，过了巡逻站的马路大家围坐在篝火前享受着那份温暖，等待着分享美味的晚餐。尽管旅馆只剩下一个房间了，但毫无疑问这也远比住在帐篷里好。"

特德，闭了会眼睛，然后接着描述着个愿景："我刚刚订了旅馆中所能有的最大的一份牛排，诱人的烧烤香味弥漫在我们的嗅觉里。而服务员会随时端着一个盛满我们美食的大盘子出现在我们面前。同时我们跟旅馆中的其他客人分享着我们是如何从山上下来的故事。我回忆着回到路上时的美好心情，并知道巡逻站和饥饿熊旅馆就在下面不远的山脚下。"

特德此时睁开了他的眼睛并说道："现在谁还和我在'饥饿熊'旅馆，谁还有能够分享的故事？"

起初，保拉看着他的父母好像他们都已经失去了感觉一样。"当我们几乎都要被大风吹下去了你们怎么还能够玩游戏呢？难道你们不知道我们所处的情形有多么严重吗？"保拉轻轻的问话打破了此时的宁静。

此时的特德看着他的女儿，平静地说道："你妈妈和我都清楚我们所处的情形如何。但是我不认为我们现在还在准备挣扎着爬出那个帐篷。我们现在所做的事情将会有助于我们做好准备，相信我们，它只需要几分钟的时间。你会帮助我们吗？

"真见鬼！"保拉如此说道，"我想我会加入到游戏里来，我也在咖啡馆里。我正盯着我挂在篝火旁边的大衣上的雪花一点点地融化，而且我在想此时的我该是多么的开心，因为它能够让我在下山的过程中整个人都保持干爽，尤其是当大块大块的雪从树上掉落在我身上的时候。我的头发还是湿的，因为我刚刚冲了一个这一生感觉最棒的热水澡。非常庆幸的是凯文给我留了些热水。"

"哦，好的，"凯文说，"我可没有这运气，我们不得不在旅馆里等着。不管怎么说我终于能坐在火炉旁边了，凝视着保拉的大衣。非常开心大衣是黄色的，因为尽管有雾，而且下着雪我还看到黄色的大衣。妈妈涂在我鞋子上的防水涂剂也非常管用，哪怕是涉水踢开巨大的漂流物的时候。我担心我们没办法通过如此深的大雪，但是我追随着领队，就像爸爸常说的一样。感觉还不错。我确定我已经准备好迎接我的美味汉堡了！"

这时候妈妈说道："喂，这还得多亏了我们的领航员，我每走 15 米就会核对一下方位，哪怕是在暴风雨中，你的父亲和我尽可能地让我们保持在正确的等高山脊线上，尤其是在山底部极具迷惑性的那段线路。"

　　慢慢地，对于整个家庭的成功画面已经变得愈来愈清晰和完整了。整个的过程就剩他们全部完全撤离了。因为他们坚持向往着一个成功的旅程，他们可以很好地让他们的情绪和所描绘的图画相贴合，进而使得勾画出来的图画更加地真实。他们的愿景加强了，他们也就能够更加地专注于他们所需要完成的事情之上。当下撤和快乐地坐在"饥饿熊"餐厅的画面生动地呈现在他们脑海中的时候，事实上他们已经为即将的撤退做好了准备。

　　当有一个共同的愿景，以及愿景所形成的共同的目标时，共同的策略、哲学和风格，让团队发挥了作用。在1986年珠峰西侧路线攀登过程中，我们是一行13个人的团队出发的。但是，我们之所以能够成为攀登活动的成员完全是因为大家都是一名出色完成任务的团队成员。一旦我们有了五个核心的成员，后面的八名替补队员必须在我们五个人所有人都同意的情况下才可以被通过成为团队中的一员。

　　攀登活动的领队问了我们每个人三个问题，即你为什么选择来这里？你给团队带来了什么力量？不管你最终能否登顶，你希望从这次的活动中得到什么？这三个问题猛听起来可能会有点怪怪的，但是，询问和回答这类的问题建立了一个强大的共同主线，一个强大的哲学根基。这也显示出了对每个成员的尊重。它能够识别每个人的优势，从那时开始我感觉到我是作为一个有价值的，并可以为团队奉献力量的成员而存在的。

> ——莎伦·伍德，探险动力公司，
> 第一个登上珠穆朗玛峰的北美女性

愿景的核心要素。并不是你脑海中的任何一幅图画都是一个愿景。作为成功的愿景必须能够达到一定的作用。一个愿景必须具有如下的特点：

- 清晰和具体。这个愿景必须具体到你能够看到，闻到和体会到的程度。蜷缩在帐篷里，为了这使得凯文感受到在餐厅中的愿景是可信的，这个愿景必须能够让他感觉好像已经品尝到了汉堡的美味。对于凯文而言，由家庭中其他成员所营造的谨慎，安全的下撤这个愿景更为的真实，这个愿景最终击败了现实下撤过程中的紧张感。尽管他还在帐篷里，尽管暴风雨依旧存在，家庭中的每一个人需要想象他们已经在他们行程中了。他们需要做的就是一鼓作气到达道路上，去感觉餐馆中温暖的火炉。

- 愿景需是积极的。如果你想激励自己和他人，不要选择失败后所产生的不利结果作为愿景。如果一个愿景是建立在恐惧之上的，那么它可能会激发你马上采取行动，但是它也同样会削弱那些富有创造力和勇敢的想法，并很有可能会引起恐慌。特德和利昂娜不会拿如果他们失败了他们可能会被冻死这样的愿景来激励他们的孩子。因为他们明白，相对基于恐惧的愿景，一个基于希望的愿景是更好的激励者。

- 愿景中应该包含一个清晰的图画，这个图画中应该涵盖愿景对你自身所发挥的作用。你所有的目的就是要激发和鼓舞你的团队。但是在创设一个愿景的过程中，不要忘了将自己放进愿景中，这样你也会被激励和鼓舞。特德和利昂娜需要彻底地分享他们为他们家所创造的愿景。
- 对于他人的贡献要保持一个开放的态度。作为愿景过程的发起者，领队的角色就显得异常的关键。但是只有当团队成员也认识到在创设愿景的过程中他们也有相应角色的时候，愿景才能发挥出最大的作用。这也就是为什么特德和利昂娜要花费耐心哄他们的孩子参与到这个过程中来。如果是这样做的话，他们不仅仅会收获一个更加强大的愿景，而且家中的每一个成员都会把这个愿景当成他（她）自己的来看待。

花一些时间，邀请团队成员对于团队的成功愿景做出一些贡献，你有可能在开始的时候遇到不情愿的情况。如果是强大的愿景，根本就不要使用"愿景"这个字眼。在创设一个人们希望发生的情景的时候，让人们都积极地加入到这个过程中来，并说出你所期望的益处。

很多人一旦听到你已经开始行动了，他们一般都会克制住他们自身的不情愿。分享你的愿景，并征求他人的同意来接受你的领导。一旦他们加入到了这个过程中，他们就会逐渐感受到与你一样的兴奋，并且这个过程会逐渐地步入正轨。试着将它想象成在炎热的八月份的一次徒步活动过程中，一猛子扎进高山湖泊中一样的感觉。所有的人都盯着湖水看，直到有人跳入湖水中。

- 愿景要发自内心。在过程中动用大脑的智慧就显得尤为的重要。但是对于创设一个情景来说，你必须让位于你自己非理性的部分，并让自己可以自由地去想象，去感受那些原本就不存在的景象。

在愿景领导力方面我是一个极力的拥护者。对于愿景领导力而言，攀登是一个非常棒的比喻，因为大山就是你可以看到的。

你可以在蔚蓝的天空下看到一个水晶般的顶峰直插云霄，一种强烈地站到顶峰的欲望笼罩着你。那么，想象一下自己站在高耸的顶峰上的画面。从此时到你成功之间，某种程度上会有一种精神上的不适存在于你的灵魂中，它只有在你到达顶峰或者放弃梦想的时候才能真正地被你所战胜。

> 当然，你的梦想可能不是站在顶峰之上。它也许是岩壁之上的一条新线路，也可能是以一种新的方式完成一条老线路。不管目标是什么，一旦你有了憧憬的图画，事情的关键就是牢牢地抓住它，而且不要放弃。失败来自于自我的放弃。
>
> 在我作为一名攀登者的生涯中，关于这个道理最让人惊奇的例子就是发生在我单人无保护的攀登酋长岩（El Capitan）的约翰·缪尔（John Muir）路线。我的前辈，伊冯·乔伊纳德还有T.M·赫伯特，开创了这条完美的路线。我被推到了我的极限。七天过去了，我距离顶峰还有1000米的距离。此时的我已经筋疲力尽，感觉非常的无助。下撤的念头也不时地浮现在我的脑海中，在这种情况下我也开始说服自己，眼前的情形的确希望渺茫，但是成功单人攀登的念头曾经牢牢地印在我脑海中，也正是这种念头与逐渐出现的自我投降的念头进行着斗争。当头脑中的念头在成功愿景和放弃之间摇摆的时候，我也努力以一种继续坚持的方式找着内心成功的答案：我想再坚持1米，再1米，再1米。这看起来自己总可以再坚持1米。我就抱着这样的念头，直至我抵达了顶峰。也正是内心的这种愿景支撑着我到达了顶峰。

> 1991年，当我的公司遇到一个严重的问题的时候，我们似乎真的看到了失败的可能性，我同样使用了愿景这个原则使我们再次地摆脱了失败。我有着一个生存的愿景，这次我利用的是之前从来没有用过的一种愿景方法，即创造一个和团队中的其他成员共同分享的愿景。一旦每一个人都将这个清晰的生存愿景作为了我们的中心使命的时候，我的角色就转变成为了一个主要的鼓励者。我需要让这幅图画变得生动、活泼、真实。随着这幅生存的图画在每个人脑海中燃烧起来的时候，我们也就正朝着愿景的方向前行，任何与愿景无关的事情都不会出现在我们现实计划之中。被愿景推动着，我们发现了更加新颖和出色的做事方式，二者彼此结合，并且最终服务于我们的客户。团队中的每一个人都不仅仅是做自己那部分的事情，更重要的是他们都在为公司付出他们每个人应有的奉献。我们的进步也逐渐接近我们之前所设想的愿景。我们又重新回到了健康和富有精力的成长过程中。紧紧地抓住彼此分享的愿景就是事情的关键所在。
>
> ——罗亚尔·罗宾斯，罗亚尔·罗宾斯公司董事长

任何人都可以创造和传达一个愿景。创造一个愿景，需要你暂时地停下你的思想，并让你的精神带领你前行。你无法通过思考就可以来创造一个愿景，你需要感知你自己的方式，暂停你对改变世界这个想法的怀疑。

如果你是一个从出生就表现出毫无逻辑的人，那么使用愿景来作为领导力的一个新工具，可能会是一个挑战。如果是这样的情况，那么在与他人建立共同的愿景之前可以自己先提前练习练

习。可以在开始的时候尝试一些小的愿景，哪怕失败了也不会产生严重的后果。使用本章中的指导，为工作中、家庭中的一个小目标创造一个愿景，并将这个愿景作为一个指引和激励的动力。随着你逐渐感知到的效果，你也会逐渐在一些大的，更加重要的项目中使用愿景，并且会和他人传达有关愿景的话题。无论什么样的任务，学着创造和传达愿景将会提高成功的可能性，从而得到你所期望的结果。

这些收益可能会出现在团队建立和带领团队的过程中，或者应对难以对付的人，处理分歧的时候。关于解决分歧的内容我们将会在下一个章节中详细地论述。

学着去带队

团队建设——愿景领导力

- [ ] 一个出色的团队能够很好地协调团队中每个个体对集体的贡献，如此一来团队所发挥出的整体能量将会远远超过每一个个体的简单相加。
- [ ] 谨慎地选择团队成员。
- [ ] 尽早地在团队目标上达成共识。并考虑紧急预急预案的制订，如果这些目标被证实是无法实现的话。
- [ ] 尊重个体的差异。寻找最有可能的方式，让团队中的每个成员的不同方式的贡献都能够相互补充。在一个优秀的团队中，彼此不同的观点会成为一份财富，而不是一份负累。
- [ ] 代表权威。当人们自己感觉到了他们是团队中不可或缺的一分子的时候，他们将会为了事业或者团队的成长而承担一定的责任。
- [ ] 通过信任，建立一个团队纽带。在信任建立的时候最为重要的一个因素就是关心同行的人们。
- [ ] 提早地认识到那些潜在的问题。这样你就能够采取补救方案来降低随后真正问题发生的可能性。
- [ ] 创造并传达一个成功的情境——一个你所向往的清晰且具体的结果。
    - 愿景和团队建设。在建立和带领团队的过程中愿景最为神奇的力量就是能够激发、带领、协调，并鼓励着团队的成员承受一些艰巨和复杂的挑战。

- 创造一个愿景：最为本质的特质。为了取得成功，一个愿景必须能够满足如下的条件：
- 愿景要清晰而具体；
- 愿景是积极的；
- 愿景要包含一个你自身角色的影响和力量的清晰图画；
- 愿景要对他人所作出的贡献保持一个开放的态度；
- 愿景要发自内心；
- 任何人都可以创造和传达一个愿景。从一些细小事务中开始，然后随着自信心的建立再逐渐地在一些大的，或者更为重要的事务中尝试愿景的作用。

第十二章　化解冲突

真正引起冲突的问题通常情况下都是一些不容易发现的因素，为此你必须挖掘更深层次的答案。在化解冲突方面最好的策略就是建立信任。此举的目的不是妥协，而是在真诚并达成共识的基础之上寻求创造性地解决冲突的方法。

户外的环境下分歧和冲突是在所难免的。而此时所面临的真正挑战不单单是在自己能够控制的范围内避免其发生，更在于必须面对的时候可以有效地处理这些分歧和冲突。

比如，此时你正在带领一个漂流活动，而且你知道接下来要通过一个这个季节最危险的河段。在你的团队成员中有两个人是专家级的漂流者，但是其他成员都是新手。已经连续下了两天的雨水使得河水的水位已经升高了许多。对于漂流行程第一段而言，升高的水位不是问题，但是此时整个团队的状态却让漂流活动变成了一个恐怖的事情，在接下来的河段，河流一分为二变成了两个河道。右边的河道的难度和已经完成的河段的难度不相上下，但是左边的河道即使在没有降雨的情况下都是汹涌澎湃，异常的湍急。对于水流的状况自己也没有一手的资料，但就自己的经验和判断，左边的河道对于目前带领的团队而言过于的危险。

但是当你告诉团队成员你想带领大家从右侧的河道进行漂流这个决定的时候，所有的人都同意了，唯独和自己的漂流经验不差上下的丹和诺拉提出了反对意见，因为他们认为右侧的河段太没意思了。他们形容左侧的河段就像人生中的探险一样，并开始说服另外的两名成员加入到他们的行列中从而组成一个新的团队。团队中几个新手在他们两个的游说下也开始变得犹豫不决。

此时的你也被他们的争论诱惑着，因为左侧河段的漂流可能会是一个非常不错的体验。但是你也意识到了承担这个风险对于这个团队而言显得有些不负责任，所以你告诉团队的成员已经做出了决定，选择右侧的那个河道。因为就眼下的河流水位以及水流情况左侧的河道只适合四个专家级的划手才能完成。

私下来讲，尽管团队中的两个成员可以与丹和诺拉组队完成左侧河段的漂流，但是这个选择结果留给自己的是独自负责两个新手进行漂流，哪怕是进行一个轻松的河段漂流这也会是一个糟糕的情形。你告诉丹和诺拉整个的团队此时必须集体行动，所以需要选择相对而言较为容易的漂流河段。

一个讨论导致了一个争论，并进而演变成了争吵。如果你突然遭遇到了诸如此类"兵变"一样的情形，那么此时的你又会如何应对呢？

这样的情景不是多虑，因为任何一个带领户外活动的人都有可能会经历如此的情形。

这些处理问题的策略都是来自于我处理各种各样冲突的亲身

163

经历，这些冲突从在国外是否与俄罗斯人和古巴人干架，到北太平洋的环境保护斗争。

成功地化解冲突关键靠的不是以智取胜或击败你的对手，而是要发现并建立信任，进而使双方在相同的立场，并积极营造一个双赢的愿景。也正是建立信任，共同的立场以及共同愿景等因素使得这个策略不仅独特，而且有效。

这个策略适用于任何的冲突情形，不只限于户外领队过程中可能会遇到的那些冲突。毕竟都是人，当事情开始变得超出自己掌控的时候他们的情感反应和彼此间的动态变化基本上都是相似的，而不论冲突是关于什么的或者从哪里发生的。

> 一些人在冲突中变得非常的疯狂。我曾经听说两个攀登者（足够的聪明并且都拥有博士学位）在位于南美洲的一个冰川之上大打出手，其大打出手的原因仅仅是因为他们在如何分配一罐沙丁鱼罐头这件事情上意见不统一。最终的结果竟然是两个人都疯狂地试图用他们手中的冰镐杀死对方。当然，你也可能会说这不过是高海拔或是身体的疲劳所引起的。但是对于打斗而言，是说不过去的。要在冲突开始发生之前尽可能地阻止冲突的出现。对相关的人恭维一番，哪怕他们可能根本就配不上。要友善，当需要你妥协的时候积极地做出一些妥协。不要让任何一个人变成一个坏家伙。
>
> ——保罗·佩佐尔特，美国国家户外领导力学校的创立者

冲突的处理方式通常都是灵活多变的，没有一个固定的模式。你也可能会发现我们这里所讲的策略并不适合你所处的情形，也

可能你需要结合自身的情况以一种全新的方式来应用这里所介绍的策略。

先从自己内心和思想方面的准备开始，然后再寻找多种多样的方式和途径来建立信任。建立信任能够实现一个共同的基础和平台，而这个平台又可以带领你走向一个可以相互分享的成功愿景，这个共享的愿景则能转化为现实的途径和方法，并最终服务于冲突双方。

谨记：无论是什么样的挑衅，你完全能够控制你的应对方式。对于情绪的控制和处理往往要难于对引发情绪因素的控制和处理。如果自己无法控制自己的情绪，那么这也意味着控制权完全掌握在了对方手中。就拿我们之前提到的漂流活动来说，不要因为丹和诺拉刺激你并让你失去了冷静而对他们大加责备，这不会起到任何积极的作用，无论他们的行为是多么的粗鲁，言语是多么的肮脏。

当你正准备拿着一本书阅读的时候，孩子们却在隔壁的房间里闹翻了天。屋外正下着雨，你也不可能到室外去，你可以冲着孩子大吼大叫道你已经辛苦工作一周了，他们最好把嘴闭上。与此同时你应该能够意识到孩子们大声地玩耍是无法避免的，试着回忆回忆儿时下雨天你的样子，所以还是继续看自己的书。要么就索性先把书在一边，和孩子们一起玩大富翁游戏，毕竟一周中自己也很难见到他们。所有三种情形的导火索都是一样的，但是采取什么样的应对方式却是截然不同的。

对于那些对问题有着不同的见解，或让你讨厌的人，一定不要过早在脑海中对他们有定论。毫无疑问丹经常会显示出一种爱抱怨和好斗的本性，而诺拉则是经常显示出一种优越感。但是如

165

果在处理问题的时候你首先将注意力放在了对他们的评判之上，那么你将会形成一个书面的自我预期，并逐渐削弱自己成功的可能性。至少在开始的时候你要相信丹和诺拉，你承担较少的风险却带给他们了相当的空间以让他们展现出他们最佳的状态。

从他们的视角来看，不要忘了丹和诺拉仅仅是对你负面判断的一种反应。通过对他们的信任，你可以挑战他们对你的消极判断，并鼓励他们对原先不耐烦的评估进行再次的审视。

尤其要注意的是，要尽可能地避免对自己所带队伍中的那些行动缓慢的人或新手成员产生消极性的判断。肯可能非常需要让自己保持一个良好体形，或者需要多一些的训练，或许你可以选择一个更为私密的机会对他进行一个善意的提醒。但是当他通过自己奋力拼搏最终到达山顶的时候，以一个热情的问候来迎接他，而不是以一副不耐烦的表情或一副掩饰不掉的轻蔑来迎接他。道德判断，无论是言语的还是身体语言，都可能会降低肯去健身馆或参加一个训练课程的机会。他可能会以一个专横和粗鲁的印象来判断你，这样的判断也会让他失去自我提升的紧迫感。

> 对于处于困难之中的人不要枉加评判是对的。在1986年珠穆朗玛峰西山脊线路的探险活动中，我们一行人刚刚从山上撤下来，并开始重新返回进行最后一次的尝试。我们此时的团队中两个人有着充足的体力来尝试冲顶，而其他的三个队友则志愿支持我们以完成冲顶任务。
>
> 在重新返回进行最后一次攀登的第一天，因为糟糕的条件我们仅仅完成了预想三分之二的线路距离。在一个临时的保护点我们紧紧的拥抱在一起，我们已经做了我们所该做的，但是我们最终还是决定放弃。就在这个

时候，一个支援我们的队员出现在了我们面前，这个人正好是我比较讨厌的那个人。在过往的时间里我们相处得一点都不好，并且在探险活动的大部分时间里我们都是彼此排斥的。而这个时候他却出现在了面前，并且他看出了我们正准备掉头返回。"真他妈的见鬼，我不想就这么放弃，在过去的四年时间里我所做的一切准备不是为了这个时候的撤退，我想继续坚持。"他大声地叫道！

我们其他人看看彼此，接着跟着他继续攀登了。起初的时候可能纯粹是这个人的倔强推着我们继续前行。我们所有人的关注都放在了眼前的痛苦和疲惫之上，而正是他推着我们看到了希望。如果这个家伙这个时候也放弃了的话，我相信我们所有的人都可能会放弃了。他知道对个人而言他可能不具备攀登到顶峰的能力，但是他却推着我们其余的人继续前行，正是这些彼此分享，追逐成功的力量发挥了大作用。最终我发现推动这个家伙的东西不仅仅是倔强，还有他所承担的责任和正直。而正是这些因素完全改变了我对他的认识。

——沙伦·伍德，探险动力公司，
北美第一个登顶珠峰的女性

要知道导致任何冲突的真正原因通常情况下都不是那些**显而易见的表面原因**。任何的一个冲突就像一个冰山一样，冰山的绝大部分都隐藏在水面之下。隐藏在背后的这些原因可能是一些一周前就已经出现的细小琐碎事情，可能是一次失败，也可能是一些不开心的事情。但是正是这些深处的因素真正导致了最终的问题。埋藏在冰山底部的可能是来自于童年时代就已经出现的威信和控制方面的问题，这些问题都由强烈的情感所包围。有些人的行为可能看起来总是表现出愤怒、无礼、仗势欺人或充满敌意，通常情况下都是源于他们的不自信，这个不自信在他们孩提时代就已经产生了。

没有人要你在路途中充当一个心理治疗师的角色。但是忽略被隐藏起来的问题以及包围在这些问题周围的情感的确显得有点天真，因为他们会使得人们变得彼此防御，不讲道理以及好斗。你对于这些隐藏的问题越敏感，你就能越有效地应对和处理这些冲突。

> 作为一个领队，我必须要去处理那些带有歧视同性恋，种族主义，年龄歧视等观点的团队成员。作为一个项目同事，我也曾经看到在森林深处爆发的宗教冲突和关于堕胎的争论（这个事件差一点发展成为一个肢体的冲突）。在大多的情况下如果团队中有一两个人表现出了不容忍他人的行为，这种状况就会危及领队的权威和整个团队的一致性。
>
> 人们可能会因为各样的理由怨恨和评判活动领队以及团队中的其他成员，尤其因为恐惧和愤怒的原因，这样的情况某种程度上讲大家多多少少都会遇到。事情的关键所在就是作为领队要学会识别这些不容忍他人的行为（可能是团队当中，也可能是自身行为当中），并认识到它们潜在的破坏性。团队中一定要尊重个体的差异性，因为只有这样团队成员才能够团结在一起，并朝着共同的目标前行。如果说任其顽固偏执的行为蔓延，这就会危及到团队和领队。
>
> ——苏珊·汉隆，旅行主管，自行车探险协会

成功处理分歧和冲突的关键是在你和对手之间建立信任。信任？如果一些无知、性情古怪的人在我面前大吵大叫的时候也是如此吗？没关系，关于这点你可以做一个选择。你可以采取大多数人都可能会采用的方式来处理冲突：你可以以自己的激动情绪来对负面的行为进行回应，静待情形逐渐地超出自己的控制范围，或者你可以选择尝试着建立信任。这么多年来我一直对此深信不疑，而且我坚信如果一个应对冲突的策略是建立在信任之上的话，这将一如既往地带来一个更理想的应对冲突的结果。这个策略优于与对方大动干戈的方式。

我不是说要把这种信任程度发展到让他人捐献一个肾脏或让他成为唯一一个孩子的教父这个程度。我这里所谈到的信任的建立可以是如下的方式："好的，我们之间确实存在着分歧。但是我想你可能是真诚的。我想你一定特别地想去做正确的事情，而且我也注意到了你在倾听，并而且我也乐于做出友善的回应。"

你可能会注意到信任建立这个策略立竿见影的效果就是它所产生的巨大意义和价值。信任的建立打破了那些旧的游戏规则中所出现的责备以及相互指责，并且能够扭转已经开始将冲突引入恶性循环的负面推动力。

随着信任的发展，彼此间的沟通也变得更为轻松、真诚，并且少了很多的防御，哪怕是那些在活动中感到些许困难的人也会感到非常的安全，并准备着迎接之前从来不会承受的风险。每一个人都足够的冷静以找到解决分歧的途径和方法，这些途径和方法在激烈的战斗开始之前却是无法看到或听到的。

如果你察觉到可能会和一些不太好打交道的人一同前行的时候，及早地采取措施，开始一个开放式的对话，并采取行动建立信任。虽然你无法在短短的一天时间里改变根深蒂固的负面行为，

169

但是你能够做到平息这些消极的行为，并降低这些消极行为演变成为一个全面冲突的可能。如果他们认为某人做错了事情，而又不让他们对此进行批评的话，那么这些应对的人很难修正他们的负面行为，那么这些负面行为是他们自身的。通过建立信任，即便是没办法消除他们责备他人的动因，但是起码你可以减少他们责备他人的动因。在团队的起始阶段你和这些人建立的信任越多，那么在必要的时候他们就越有可能够表现出灵活性、耐心以及幽默感。

- **直面问题所在**。如果你不花时间与他们在一起，那么就很难与之建立起信任。选择自我的挑战，调转方向主动接近团队中的那些"问题先生（小姐）"，而不是远离他们。在徒步的过程中，休息的时候选择和你认为可能会制造问题的人在一起，例如丹和诺拉。

- **寻求一种没有威胁的方式来开始一次对话**。认识和了解反对或者可能会反对你的人。与之分享共同感兴趣的内容，诸如工作，家庭，或者兴趣爱好等。聊一聊你的运动，以及你曾经体验过的旅程，并倾听其他人所分享的内容。

我正在前往镇委员会的路上，旨在递交一份关于湿地保护的提议。我代表着环境社团。我的父母的角色则是作为乡村计划主管以及一流的土地使用顾问。之前的时光里我们三个人也都发生过冲突。对我们三个人而言唯一的一个共同的爱好就是运动。半个小时的关于体育运动的聊天让我们彼此平静了下来，打消了一些存在于我们彼此的丑陋偏见，并让我们相互间更进一步地了解了彼此。在我们接下来的会面中，随着我们自我防御意识的降低，我们发现我们对湿地的重要性的认识在很多方面都是一致的，作为湿地的所有者，我们中的任何一个人都不希望让土地使用案失去原有的法律效应。

- 谨记建立信任的关键是关怀。尽自己的所能让对手感受到你是真的非常关心他们。真心倾听他们与你分享的内容，并试着设身处地地站在他们的位置上思考问题。以自己的方式来接受他们每个人的优势。那些难以相处的人自身其实是非常艰难的，因为他们通常情况下都没有太多的朋友。虽然他们可能不会轻易表达出内心的感受，但是他们仍旧会对你所表达出的关心表现出感激之情。
- 进入到"冰山"的下面去看一看。如果你了解到埋藏在反对者内心的"冰山"中可能会存在一些问题的时候，寻找一个巧妙和关心的方式将埋藏在冰山之下的那些隐藏因素找出来。例如，如果你知道丹在自己的现实工作中刚刚错过了一个梦寐以求的晋升机会，而此时的他正处于一个非常窝火的状态中，那么找一个合适的方式和他聊一聊。或许你可以选择与之聊一聊一般意义上的工作，然后聊一聊在自己的工作中所遇到的类似的让人郁闷的事情。这样的讨论也许能够有助于平息丹在眼前这件事情上的激动情绪，而情绪则又会波及到他生活的其他部分，包括漂流。
- 帮一些顺带的小忙。和难以相处的人建立信任，我常常惊叹一些微不足道的小忙往往会发挥出强大的作用。"嘿，诺拉，我可以帮你一起做饭吗？"这可能是一天时间中你最为重要的一句话。对于诺拉而言还没有人主动地帮助过她，也正是这个心理感受让她充满了自我防御。哪怕是微不足道地帮她在餐盒里打上饭就有可能会改变她的心情。

"苏珊，这是你带领的团队成员的名单，赶快准备下即刻出发。"

这就是在我带领十名人员去处理一个野外火灾任务前火灾派遣官对我说的全部的话。我快速地查看了一下人员名单，这个时候我才意识到名单中除了我之外，其中还有四名女性和七名男性，并且这些人分别有着不同的年龄和经验水平差异。其中的三名男性曾经作为电锯工一起工作过两个月的时间，他们的年龄段处在18到20岁之间，并且之前都没有任何的救火经历。埃德是他们的老板，但是团队中的两个人告诉我虽然埃德是他们的顶头上司，但是实际上却不具备任何的救火经验。同时，团队中的两个人提醒我说，本来是他们的老板埃德希望带领这次的团队。根据他们所提供的信息，埃德疯狂地冲出派遣办公室并大声叫嚷到："被一个黄毛丫头带领在我看来是一种羞辱！"

在集合所有的队员之前，我决定先找埃德聊一聊。我邀请他帮助做一些相应的准备工作，而且我们彼此间也聊了一会儿。随后我问他能不能带领一个切锯队伍，我也真的非常希望学习他在带领队伍方面的经验。尽管他是一个有礼貌的人，但是很显然此时的他非常地生气。对于自己没有能够打破彼此的隔阂我也感到非常的沮丧，此时内心的感受好像所有的关注点都聚焦在了憎恨上，并且我的这种憎恨态度持续酝酿了很多年。

当我们到达了火灾现场之后就发现，埃德的团队成为了一个问题。当我发话的时候，他们就会看看埃德，要不然就是瞄我一眼。如果我给他们指派一个任务的时候，他们要等到埃德点头之后才会去行动。埃德的团队对我所采取的忽视态度是危险的，团队也会受到威胁而变得分崩离析。经过几次尝试，寻找大家彼此共同的出发点，激发他们的情绪，结果到最后还是毫无收获。不幸的是，我自己也没有大度到对他们的所作所为熟视无睹，毕竟我要对他们安全负责，再说他们也不是十分的有经验。让事情变得更为糟糕的是我也开始和愤怒的情绪进行着斗争，并对自己十分地不满，与此同时我对不了解我的人对我评头论足感到非常的厌烦。我对埃德非常的反感，并且因为这件事情给我带来了持续多年的挫折感，并且他的行为进一步地助长了他的员工不专业的行为习惯。我对他们的安全感到担忧，并且也期盼着有一个成功的团队来帮助我继续前行。

还没有等到大火被扑灭，我们最终还是找到了基本的共识点。还好埃德和他的员工们都将我的表现看在了眼中，并开始听从我的指挥。当火势变得猛烈的时候他们看到了我保持着镇定，奋力地战斗，关心他们的身体和安全，不时地鼓励着大家团结协作，他们开始服从我的领导。与此同时，当他们在陌生和艰苦的条件下努力奋战的时候，我也对他们的成长表示出了足够的尊重。

到火灾被扑灭的时候，埃德和他的团队成员对我的感觉依旧冷冷的。尽管我们没有最终解决我们之间的分歧，但起码我们通过奋力的工作和所取得的成就发现了我们彼此的共识，尊重以及信任。

——苏珊·汉隆，自行车探险协会旅行主管

如果发生了冲突和分歧，那么这个时候要充分地利用你所建立起来的信任，并冷静、细心地寻找解决问题的方法和途径。将

173

注意力放在那些富有创造力、一般意义的方法上，这些选择在人们被当时的情绪所控制的时候往往会被轻易地忽略掉，包括你在内。

继续以本章开头的故事为例，恶魔支流（Devil's Fork）是你激流漂流活动最后一个河段。而你的车辆就停在离河流重新恢复平静的位置不远。这会儿还有足够的时间，团队中的一些新手可以开车将你、丹、诺拉和一艘皮筏重新送回到上面支流的分叉处，这样你们三个人就可以重新尝试最后那段具有挑战性的线路。而其他的团队成员可以选择在漂流结束的位置等待，在支流下方的岩石上晒晒太阳，也可以在给你们三个人留下一辆车后选择开车回家。

听起来挺容易的，但是在情绪失控的时候却往往是我们最常忽视的选择。

在寻找简单易行的问题解决途径的时候，有一点需要特别提醒的就是要当心通常意义下"打消分歧"的折中处理问题的方式。在避免冲突这个幌子之下如果仅仅是将没有解决的问题搁置在一边，那么这个策略的害大于利，问题必然会在接下来的时间里再次爆发。

当地的一个湿地在一个开发者眼中被认为是一片毫无用处的区域，他认为这片区域应该被开发成一个有用的地方，一个环保主义者却认为这片湿地不应该被开发。经过了让人厌烦的斗争，他们最终达成了共识，开发一半的湿地区域，他们的基本立场都没有被搁置在一旁。和解中每一个细小的环节都可能会爆发让人不愉快的小冲突，并有可能进一步地加剧气氛的恶化，毫无疑问的是相同的冲突还会再次爆发。

如果简单易行的解决途径不存在，那么需要确定的一点就是冲突的双方都要清楚他们所争论的焦点是什么。

- 自己尽可能准确地罗列出所存在的分歧都有哪些。此时要诚恳彻底地阐明自己的立场。从自己的立场上公正坦率地阐述所发现的任何不确定因素或存在不足的地方，并以一个开放的方式表露自己的情感，并以这种策略激发他人做出相应友善的回馈和反应。如果你的角色是领队，那么还要注意的一点就是你要对整个团队的健康和安全格外地关注，并且这份责任会对你所承担的角色产生一定的影响。
- 关注他人的反应，并且必要的时候做出一些澄清。如果你觉得另外的一方不真诚的话，那么礼貌地问几个问题，直至你觉得所有的人都清楚地意识到真正的问题所在。

例如，在湍急的河流中，存在着两个实实在在的分歧，即左边的河道是不是真的如你想象的那样危险，新手们又是否能够有效地应对它。

- 不要采取说教的方式。如果对手嗅到了防御的味道，那么他们也很有可能采取相似的举措，说教将会让他们再次地坚定他们的判断。在关键的分歧点上你越能投入地与之战斗，那么越有可能降低分歧转化成为真正的问题。一旦诺拉对你大叫："你是一个胆小鬼"，你又冲着他大叫不负责任的话，你的问题就很难以解决了。
- 获取尽可能多的信息。寻找任何可以让你进一步阐明分歧的信息源。例如，如果你遇到了刚刚从左侧河段漂流而下的团队，关于河流的湍急程度你就可以获取足够详细的信息，并且这也非常有可能处理好冲突。这个类别的突破口是非常难得的，但是在现实的情况中也确实存在。

175

探寻双方的共识，并在此基础上做工作。每一分一秒真诚的沟通都是在建立信任，与此同时对问题又有了进一步地明确。

- **承认你赞同的部分。**"丹，请相信我，我今天非常地乐意从左侧的河段漂流而下。它将是一个难度不小的漂流体验。"
- **寻找其他共同的目标，**哪怕是再平常不过的。比如，都不希望事故的发生。"诺拉，我知道我们中的任何一个人都不愿意以在医院的等候室作为结尾来收尾。"
- **以一个恰当的方式引出任何可以分享的背景或经历。**或许是八年前你和丹一同参与了基础河流课程，又或是诺拉和你是唯一两个经历过阿拉斯加漂流的俱乐部成员。
- **负责任地询问他人如果他们处在你的位置上他们又会如何应对。**如果丹和诺拉要对所有的活动成员的安全负责的话，他们两个人又是否真的会愿意带那些新手从左侧的河段进行漂流？

带着你所发现的那些共识，情绪的控制，信任的逐步建立，此时的情况也会一点点地从"你反对我"变成"你和我共同地应对问题"。与你的对手一起看待问题，立足于在你们两个人共同的立场之上，而每一个共识都代表着一些价值和优势。你此时的目标是齐心协力地逐步扩大双方的共享区域，而凭借的正是发现并承认其他的共识。

创造新的选择。双方彼此寻找那些将两个人团结在一起的因素，就像反对那些分离你们两个人的因素一样，并营造一个双方都能够轻松激发他们彼此的力量和想象力以便找到解决问题的途径，而这在一个充满着猜疑和愤怒的氛围之中无论如何都是不可能实现的。人们开始变得更加地乐于接纳建议和见解，而不会去在意是谁提出的。

充分地利用这个更具有建设性和充满着信任的氛围，首先可以通过审视那些你已经发现的每一个达成共识的方面。

例如，在河道漂流的故事中你们三个人都在如下的几个方面达成了一致，即认为左边的河道会更加的有趣；安全方面的考虑也非常的重要；顺着左侧河道漂流而下最理想的是由四位经验丰富的人组成的团队，这样就无需为某人的恐慌、落水或者无法有效地划桨等这些事情而担心。你们三个人也会认同作为指定的领队，你有着他人可能不会考虑到的责任。然而，这可能没有被表达出来，而且毫无疑问的一点就是如果这个分歧没有被解决的话则会无法避免俱乐部中任何一个人都不愿意看到的激烈冲突。

这些共识现在对于每个人来说都非常的清楚，并且伴随着情绪控制，以及在这个过程中所产生的信任带着你走了这么远，此时作为领队的任务就是鼓励新的想法。询问下大家，是否有他们认为你必须要采取的措施，接受任何新的见解和提议。如果没有浮现出新的解决办法，那么继续对此进行更深一步的讨论，增加细节，审视反对的意见，并逐渐地让团队成员高兴并兴奋地沉浸在讨论之中。如果这个时候达成了共识，那么接下来对责任进行分配，并赋予自己权利去实施新的应对措施。

在常规的"非胜即负"的谈判中，这可能被认为是愚蠢的，然而在这里它却是一个服务于各方，并获得解决办法的强有力的方式。如果你能够控制这个过程并实现了这一点，那么此时的人们更为可能的是将他们自己看成应对同一个问题而存在的战友，而非作为一方的支持者而存在。作为一个领队，对你而言有时最为关键的一点是找到并提出保全面子的出路，这也会更容易让别人有一个退路，退出一个固执己见的位置。

此时的诺拉耸了耸肩，并几乎可以肯定地认为这样的高水位

177

状况起码将会持续两周。"那么,如果你们三个人本周内再次地回到这里,进行一次左侧河道的漂流如何?"她说道。

你告诉诺拉这听起来是一个非常不错的主意,而且你下周刚好有可以自由安排的时间。此时你还认为如果你和她还有丹一起进行这个挑战,那么这一定会是一次非常特别的体验。因为你们都是教练,而且三个人在同一艘皮筏上进行漂流的机会非常难得。

Dam 同样也有着可以自由支配的时间。诺拉刚刚的提议现在变得非常的有实现的可能,此时的你们三个对更为细节的内容进行进一步的讨论以保证这个提议能够真正地实现。例如,丹此时认为,如果你告诉大家恶魔支流中的水流是如此地让人着迷,那么从俱乐部里找四个富有经验的漂流行家一起漂流变得非常的轻松,也许你可以找到许多乐意参与其中的行家。

关于再来漂流的计划此时已经达成了一致,此时你们三个都一致认为对于你们而言你们此时最应该做的就是带领团队出色地完成此次的漂流活动。带领新手们从右侧较为简单的河道漂流而下对他们而言将会是一次令人兴奋的挑战,而且作为一个老手分享他们的兴奋也会是一件充满快乐的事情。

那么如果这个策略不能发挥作用怎么办? 有时候桌面上的问题的确非常的棘手。有时候隐藏在对手水下冰山部分的问题显得太深,太强大,哪怕是做出了最大的努力也没办法建立充分的信任来推行这个策略。

如果真的是遇到了这样的情况,要冷静和坚定地告知自己,作为领队,你负有极大的责任和最终的决定权来为活动做决定。如果这个时候团队中依然有人坚持离开团队,而且你也认为这是不明智的,那么请在大家面前正式地表达你的反对意见。

试着赌一把。建立信任的策略并不是每一次都会起作用。但是它往往会增加你成功化解冲突的可能性。

　　富有讽刺意味的是建立信任常常被人们认为是过于理想化，然而实际的情况验证了建立信任的确发挥着极为重要的作用。就我看来，理想主义者是那些抱着靠传统观念中的"非赢即输"的方式就已经完全够用的人，尽管这么多年一直见证着他们在这方面的失败。

　　有很多的人拒绝尝试使用建立信任的方法，哪怕是让他们尝试一下都觉得很勉强。之所以如此不是因为他们认为这种方法不管用，而是因为他们害怕尝试。他们确实会害怕。因为这需要关怀、信任，有时候甚至是要表现出几分的脆弱，这个方式要求你更多的是精神和性格方面的付出，而不是你死我活的厮杀，所以这完全取决于你自己。

学着去带队

化解冲突

☐ 谨记：无论是什么样的挑衅，你完全能够控制你对挑衅的反应方式。

☐ 要警惕过早地对对手形成判断。如果你对对手采取了过早的判断和定论的话，这些想法会形成一个片面的自我预期，并降低你成功的可能性。

☐ 要知道导致任何冲突的真正原因通常情况下都不是那些显而易见的表层原因。任何一个冲突都像一座冰山一样，冰山的绝大部分都隐藏在水面之下。

☐ 成功处理分歧和冲突的关键是在你和对手之间建立信任。

☐ 如果你察觉到可能会和一些不太好打交道的人一同前行的时候，及早地采取措施，开始一个开放式的对话，并采取行动建立信任。

- 直面问题所在，并花一些时间在团队中那些较难相处的人身上。
- 寻求一种没有威胁的方式来开始一次对话。
- 谨记建立信任的关键是关怀。
- 进入到"冰山"的下面去看一看。寻找一种妥当的方式来处理敏感性的问题，并将这种方式作为一种有效的手段来处理环绕在问题周围的各种情绪。
- 帮一些力所能及的小忙。

☐ 如果发生了冲突和分歧，那么这个时候要充分地利用你所建立起来的信任，并冷静、细心地寻找解决问题的方法和途径。但是不要采取靠掩盖问题的方式来避免一个冲突。

☐ **如果简单易行的解决途径不存在，那么，需要确定的一点就是冲突的双方都要清楚他们所争论的焦点是什么。**
- 自己尽可能准确地罗列出所存在的分歧都有哪些。
- 关注他人的反应，并且必要的时候做出一些澄清。
- 不要采取说教的方式。
- 获取尽可能多的信息。

☐ **探寻双方的共识，并在此基础上做工作。** 每一分一秒真诚的沟通都是在建立信任，与此同时对问题又有了进一步的明确。
- 承认他人身上你赞同的那些内容。
- 寻找其他的共同目标。
- 以一个恰当的方式引出任何可以分享的背景或经历。
- 询问下他人如果他们处在你的位置上他们又会如何应对。

☐ **创造新的选择。** 要充分地利用那些你已经找到的极富建设性和信任感的氛围，然后寻求那些常常被忽略的新的解决问题的方式。如果你发现了双方都接受的方式，那么进一步地细化它，然后赋予一定的责任，并勇敢地接受这份责任去实施它。

☐ **如果这个策略不能发挥作用怎么办？** 如果真的是遇到了这样的情况，要冷静和坚定地告知自己，作为领队，你负有极大的责任和最终的决定权来为活动做决定。

☐ **试着赌一把。** 建立信任的策略并不是每一次都会起作用。但是它往往会增加你成功化解冲突的可能性。

181

第十三章　压力的应对

应对压力的关键是要在主观上进行自我的减压，除此之外没有其他的途径。在思想上和情感上采取一系列的措施，并暗示自己一定有途径和方法可以摆脱困境，并且自己已经找到了。

本章节关注的内容会涉及到细小的不幸、冲突以及事情的延误。通常情况下，这些因素又会是野外情形下压力产生的主要诱发因素。然而，现实中让我们记忆深刻的却是其他的一些因素。

伴随着怀俄明蔚蓝的天空，我们一大早就开始了大提顿（Grand Teton）的攀登。岩石坚固，有着非常棒的岩点，即便是技能不是那么出色的攀爬者也能在这里找到相当的自信。在距离顶峰大约几百米的地方，我们缓慢通过一段烟囱线路，然后进入到山腰位置被雪覆盖的一个地形之上。

就在此时，乌云出现了，并很快从西面直奔顶峰，紧接着云多了起来。短短五分钟，乌云就布满了整个天空，并伴随着可能会带来伤害的大风。

因为我们都来自西雅图，所以大家都经历过暴风雨。但是，这次不同的是空气中伴随着滋滋的声音，就像无线电电波所发出的静电一样。此时，我注视着背朝我的艾伦，发现他的头发全部都竖了起来，蓝色的小火舌也在他的冰镐尖跳跃着。

"赶快把金属扔掉！赶快！"之前曾经在这些山峰进行过攀登的斯蒂文在我后面大声地叫喊着。

我们飞快地脱掉了身上全部的攀登器材，并连同冰镐和冰爪一起堆在了6米远的雪地里。尽管如此，静电依旧在我们耳旁吱吱做响，就好像这些静电是直接从我们身上发出的一样。"赶快趴下，让自己越低越好。"斯蒂文又大叫了起来。

此时，雷电在我们四周轰轰作响，黑暗的天空中也出现了第一道闪电。

我们每个人都四肢伸开地趴在雪地中。汽车灯泡一样大小的冰雹也开始落在每一个人的身上，大的冰雹在击中身体后甚至留下瘀伤的痕迹。在攀爬的时候我只穿了一件短袖，但是趴在雪地上一段时间之后我就开始不由自主地哆嗦了起来。大衣被我放在了不远处的一个岩石上。我抬起头，试着伸手去拿衣服。"别去够它！"斯蒂文大声地冲我叫道。

但是已经太晚了，这个细微的动作将周围空气中的电荷吸引到了我的身体四周。此时我将头尽可能地贴近地面，这样才使得雷电绕过我，击中了几米之外的一块大石头。这个石块被一团火包围了起来，瞬间火星四射。

183

雷电的轰鸣声震撼着整个山体,并发出震耳欲聋的声响。我呢,也尽可能地将脸埋到了雪中,早已忘了衣服的事情。

五分钟之后,就像刚开始乌云突然出现的时候一样,乌云瞬间地消散在了天空之中。我们缓慢且谨小慎微地试探着从雪中抬起了身体,并仔细确认所有人都安然无恙,没有受到伤害。我们聚集了我们的聪明才智,并从厚厚的冰雹下面挖出了我们所有的装备器材,然后继续攀登,并最终到达了顶峰。

对于我而言,这是一个充满压力并记忆犹新的经历。直到今天,当雷电出现的时候,我都会不由自主地回忆起大提顿被蓝色火焰笼罩的情形。

我们每一个人都会对危及生命的情形,以及由这种情形所产生的压力记忆深刻。

- 例如你的保护锚点被拽了出来,而这个时候领攀的同伴正用双手支撑着身体悬挂在你头顶之上十多米的高度;
- 你拿着一束蓝莓走在最为熟悉的小道上,此时你突然意识到你正处于一头母熊和它的两个孩子之间的位置。
- 当你正在滑雪的时候,突然听到低沉的破裂声并突然感觉到了身体的下沉,此时你意识到了在你的脚下发生了雪崩。

不管你对这些危险情形有多么的记忆深刻,就我切身经验而言,身体层面的危险所导致的压力并不是最难解决的。首先,当我们自身或周围同伴的生命和安全受到威胁的时候,机体内与生俱来的生存本能便会迅速地发生作用。肾上腺素瞬间飙升,然后我们的身体产生相应的反应,这种反应常常会出乎我们的意料。

其次，户外环境中威胁生命的大多数情形中，你很难有充足的时间来思考到底发生了什么。压力是自我产生的，并且在身体急速变化的情形下，几乎没有留下让你思考的时间。雷电、滑坠、熊、雪崩，它们其中的任何一个你可能会碰到，也可能会碰不到，但是有一点不会变的就是它们中的任何一种情形都不会持续太长的时间。

由身体危险所产生的压力同样也是非常罕见的，如果是这样的话大多数的人通常情况下都不会进入由身体危险所导致的压力情形。我们进行攀登、滑雪、长跑，但是大多情形下我们都能进行有效的控制，以使得我们不会感觉到我们的生命命悬一线。

当我们面对一个摇动的骰子的时候，困扰我们的情形通常情况下都是一些平淡无奇的时刻。有些时候，它们看起来是那么的普通，但是却往往呈现出了如此难以承受的压力。

- 从起点出发刚刚行进了三公里便遭到了暴风雨的袭击。几个心情郁闷的新队员开始抱怨你没有早点出发，与此同时，冰冷的雨水也顺着没有密封好的衣服缝隙流到了你的后背上。

- 你正在负责安排新一期有关裂缝救援的训练课程。原先确定提供支持的人有一半都无法出现在后续的课程中。而此时你的时间又很紧迫，再加上具体的事务，这几乎要使你发狂。

- 作为一场宴会的主席，邀请函在需要被寄出的两天前印刷完毕了，然而邀请函的印刷却出现了上下颠倒的印刷错误。

- 在一个雪地徒步的活动中，针对是否需要返回出发点你处于一个意见分歧的情形下，而且情况很糟糕。此时你所关心的是如果继续行进，那么在天黑之前你无法返回到汽车中。杰夫和琳达却坚持继续前行。其他的人则处于相持不

185

下的争辩中。

在你自己的空白中填入这些最为常见的给你造成压力的各种情形。它们中的一些有的可能会是身体方面的，有的也可能是由分歧和冲突造成的，或者是涉及最后期限方面的。想想那些有时需要你去应对和处理的麻烦对象。想想那些琐碎的、不合理的事情没有缘由地总是围着你转。下面所列出的方法将有助于你渡过难关。选择一个或两个事例，并顺着往下读。

做一个深呼吸

处理任何压力的第一个步骤就是先让你的情绪平静下来，这样你才能够对所处的情形进行评估并采取必要的举措。做一个集中精神或者集中思绪的练习，例如从一数到十、散步，保持着这些练习，直到你身上的那种焦灼感逐渐地消失。

灰熊使得你惊恐万分，一个错误的决定就有可能导致你被它杀掉。此时你最需要做的就是迅速地回忆下遭遇灰熊时所应采取的合理应对方式。但是如果你处于一个惊慌失措的状态下你就无法做出一个冷静的判断。先停下来，并给自己五秒钟的时间让自己彻底地平静下来，并探寻接下来的应对措施。

在开始一次大的营救之前如果眼前的事情让你非常紧张，那你就洗洗咖啡杯。一些前辈常说，在你开始行动之前先抽支烟，让思绪平静下来。如果它真的是一件非常棘手的事件，那么就多抽两支烟！

但是这些都已是过去式了。现在，如果我们需要展开一次较大的救援活动，我就会多花几分钟的时间来打扫办公室的桌子。然后，拿出清单，做计划，最后出发行动。我也因为这个习惯而远近闻名。人们说："看，

> 蒂姆今天一定相当的紧张,因为他刚才洗了四个杯子。"
> ——蒂姆·奥格,公共安全专家
> 搜寻和救援,班夫国家公园

处在当下。整个人带着"它为什么发生在我的身上"或者带着"多么倒霉的运气"诸如此类的抱怨心态,在应对压力情形的时候都是非常危险的反应。你投入在所期望的情形里的时间和专注度越多,你对眼前需要应对的情形,就越有可能处于被动的状态。面对那只熊,你哀叹命运的每一秒钟,对于如何找出保全自己的措施都是浪费时间的一秒钟。

如果你的压力来源是由人造成的,抱怨他人的失败并不能让你从压力的情形下释放出来,它只会导致事与愿违的结果。你越是责备带给你压力的那些人,他们也就越不可能以一种有助于压力缓解的方式行动起来。在自己处理完事情之前,先将心中的怒火和失望的心情收起来。当然,你也可以选择在随后的时间里跟他人真诚地解释一下情况。

你根本没有想到杰夫和琳达会因为一个意见的分歧而变得如此的令人讨厌。他们两个在全队成员的面前将你推入到了一个死角中,并让你处在一个非常不舒服的境地。

这的确非常倒霉。然而事实是,找出如何应对的策略才是你的工作,也是自己的职责所在。告诉杰夫和琳达你此时此刻的想法将会不可避免地带来进一步的争吵,眼下所需要的是让所有的人对这件事情都进行清醒的思考。你可以等到回城之后再和他们解决此事。然而,此时所需要做的则是先解决眼前的问题。

> 如果我感觉到背负压力的时候,我会试着找一些我

187

> 喜欢的事情做，并投入其中。如果压力是由一些分歧造成的，我会暂时将这些分歧置于身后。永远不要陷入沉思。你永远无法改变已经发生的情形。我甚至不去想这些本来就不存在的结果。
>
> ——保罗·佩佐尔特，美国国家户外领导力学校创始人

不要质疑自己应对压力的能力

目前你所拥有的技能、知识以及经验就是你手中此时此刻需要出的牌。当然，你或许可以在下一轮"出牌"的时候改善这些因素，然而它们在这个时候对你眼前的情形而言却无法提供帮助。

尽你所能将手中的牌打好。如果你对你处理情形的能力产生了质疑，那么你就可能会破坏你最佳或者超常发挥的能力。此时此刻，最好在处理这些情形方面要有自信。提醒自己所拥有的知识、技能及经验，并利用这些自我提醒和暗示来强化自己成功应对挑战的信念。

这些人责备你因为你让团队出发得太晚，以至于他们被雨水淋湿了。你知道，当他们到达汽车之前就可能被雨水淋湿。你一定也期望自己的衣服的缝合处已经得到了很好的处理，但是就现在而言，这两件事情你都无能为力了。

但是稍等片刻，在你人生中所必须要应对的诸多事情中，这件事好像也不是你最倒霉的。而你现在所能做的就是让每一个人，包括你自己在接下来的一个小时的时间里都能够拥有一个好心情。这点你可以做到，因为之前你做过。人们时不时地夸赞你很幽默。那么，接下来这里就有一个挑战等待着你。

提醒自己，你能够很好地控制自己的情绪反应。

不管你的感觉有多么的糟糕，压力的产生不是由外在的诱发因素导致的，而是由你对压力的情感反应所造成的，在这点上你完全能够控制自己的情绪反应。需要让自己明确的一点就是，自己采取什么样的情绪反应自己是可以选择的，而且采取什么样的情感反应也将能够增加出色应对的可能性，这可以很好地降低自己所承受的压力。

宴会的邀请函被印刷成上下颠倒了，此时此刻，你想做的就是把印刷厂的人叫来，并对着他痛斥一番。你的确有理由这么做——谁让他犯如此愚蠢的错误呢。然而，如果你真的对他痛骂了一番，实际上是增加了你们俩的压力程度。他可能会再次毛手毛脚的完成你交给他的任务，要么就是告诉你请你另请高明，如果是这样的话你一定会疯掉。实际上，回头你完全会有大量的时间来让他知道对此你内心的感受。同时这里也有一个大的问题；如果你能保持着冷静，或许你可以轻松地搞定眼前的这件事情。

寻找简单的处理方式

如果你想摆脱一直响着的电话，那么只需拔掉电话线插头即可。如果你面临一大堆繁杂的事情要处理，那么选择做最靠前的两件事情。粗心大意完成邀请函的印刷任务的厂商，立即打电话联系他，因为你还有时间让他重新完成这份工作。

制定一个计划

相比其他的因素，没有什么比"陷入困境"这种感觉所带来的压力更大了。如果没有一些简单的方式可以减轻你的压力的话，试着采取一系列的行动来告诉自己的思想和情感一定有途径可以突破困境,并且你已经找到了。

如果已经形成了一个紧急计划或者在其他的方式中已经意识到了你所处的紧迫情形,提醒自己迅速开始计划中的步骤。

> 通常情况下,如果我感到有压力,我就会选择散步。看看花儿,聆听耳边吹过的风声。总之,将自己沉浸在大自然的怀抱里。
>
> 如果是在山上遭遇到了一个紧急情形,我会先让自己平静下来,然后评估自己的选择。此时我会详细地审视将要采取措施的步骤以及这些步骤的顺序。我会让团队中的每一个人都尽可能地像我一样冷静,然后我会嘱咐每一个人他们所需要做的事情,从而使事情按照计划进行。我会选择一个平静的语调,并且会时不时地和每一个人保持沟通。
>
> ——劳拉·埃文斯,探险启迪公司董事长/首席执行官以及《我的攀登生涯》作者

你知道那些曾经答应提供帮助组织裂缝救援训练的人可能会退出——这也正是你之所以超额安排十多人的原因。俱乐部一月一次的例会在明天晚上进行,届时将会有大量的志愿者参加会议。将招募训练充足的志愿者人员的事情提上日程,这样一来你就可以获取足够多的人手。其中最大的问题就是需要另外的一个熟悉滑轮拖拽救援系统的人。林恩曾经在三个月前就告诉过你,如果你有什么困难的话她可以提供帮助。而此时你正处于一个困难中,所以别再犹豫了,赶快打电话告诉她你需要她帮助。

如果你手头还没有准备计划,花些时间来制定一个计划,并

思考你需要采取的措施。

你跟随着玛丽到了一个陡峭的岩壁。她放置好保护装备开始保护你进行岩壁的攀登，此时她就在你头顶的上方开始一个至关重要并且无保护的横切的时候保护点被拉了出来。此时，告诉她让她停下来不要再移动了，并告诉她关于保护点的情况，让她保持现有的动作状态，直至你重新放置好保护点。这个时候，你看了一下身后的岩石，并留意到好像玛丽选择的岩石塞型号太小了，而在你身上所携带的装备中刚好有合适尺寸的岩石塞。你打算从自己的装备带上取出正确的岩石塞，用较大的岩石塞换下较小的那个，然后尽可能快地重新回到保护的状态中。于此同时，你要保持自己的身体平衡，这样的话哪怕是玛丽这个时候发生了冲坠，你仍旧可以在没有保护点的状态下应对她的冲坠。

开始相应的行动，以实施自己的计划

一旦你开始了计划中的第一个行动，你就已经开始营造了一个向前的驱动力。这个时候你就会感觉到自己变得更加游刃有余，少了几分被困住的感觉和压力。

自己创造一个自我的挑战来应对长时间的压力

如果说找不到快速应对压力的解决办法，那么你将会长时间地处于一定程度的压力情形下。而此时，对于所处的情形你拥有着什么样的认识就变得更加的重要了。

压力通常情况下是由自己无法控制对被困情形的认知所造成的，这种压力常常让事情变得更加糟糕。一般情况下，人们不喜欢被困住的状态，并且还会就此对造成压力的诸如信念薄弱的朋友、变化无常的天气或者损坏的装备等因素抱怨一番。如果你的抱怨没有在一定程度上使情形得以改变，那么你无助的感觉就会进一步强化，随之而来的就是压力的到来。

面对压力的应对和处理，尤其是由于短时间不能够轻松迅速改变的时候，一个较为有效的方法就是设法改善这种被困境困住的认知。

通过在一个挑战下进行另外一个挑战的方式来处理此类情形。在一个相同的充满压力的情形下进行一个测验，并要伴随着你为自己设定的一个目标。第二个挑战由你自己设定，这个自我挑战的作用就是让你自己从原有的那个自己觉得被困住的挑战情形中将注意力转移到一个自己能做出一些改善并能自我掌控的挑战中。在一个挑战中创造另一个挑战的三个具体事例所指的分别是，创造属于自己的游戏，挑战你自己的精神以及提升他人的经历和体验。

创造属于自己的游戏

在你可以成功地开展那个冰裂缝救援课程之前，找到你可能需要的额外八个人当助手。这八个人不包含滑轮绳索专家林恩。所以你可以在你的电话旁边的墙壁上做八个记号，你也可以在模拟的冰裂缝上方画一个需要八步才能通过的桥梁，当你签上一个人名的时候在桥梁上就可以做一个移动的标记。虽然这仅仅是一个游戏，但是这个游戏却能够让你将所有的注意力放在你为自己所设定的目标上，从而让你自己的注意力从当下不可控情形所造成的状态中转移出来。

挑战自己的精神

让我们重新回到与杰夫和琳达同行的雪地徒步的故事情境中，给自己一个挑战，用一个建立信任的方法来化解冲突，不管这个目标是多么的艰难。你能做一个深呼吸，而不是激起他们的怒火吗？你能设身处地地站在杰夫和琳达的角度来考虑下，到底是什么原因让他们这么做的吗？你是否能够发现足够的共同立场来让他们重新加入到你的立场中，从而共同以一个冷静的方式来寻找解决问题的策略吗？你又能否控制住自身的情绪，而不被他们的种种冒犯所影响吗？

与杰夫和琳达之间的分歧和冲突这个事实并没有改变。但是你对此的理解和认识却发生了变化，也正是这个变化让事情变得和之前完全不同了。就像你在现实情形中所看到的一样："我碰到了两个令人讨厌和顽固的人，这让我有些抓狂。"杰夫和琳达都在可控的情形下，但是你却有种被困住的感觉。如果你能够换一种方式来看待这件事情："让我们来看看在和难打交道的人中我是如何地得心应手。"那么你在自己的层面已经自我设定了一个令人兴奋的挑战，在这个挑战中你会设定你的目标，并且对整个过程进行相应的调节。

改善那些和你同处在压力之下的人的体验，他们在处理压力时候可能会遭遇到更加艰难的感受。

在那个雨中的徒步活动中，选择"让处于痛苦之中的每一个人在达到他们自己的车之前都笑起来"这样的目标挑战一下自己会怎么样呢？你将会以一个非常富有创造性和有趣的方式来实现这个挑战。并且，你也会让自己率先跳出糟糕的心情状态。那么，接下来会发生什么事情呢？是伴随着持续增加的困难走完接下来的苦闷路程，还是说一些俏皮话，小幽默，玩一个傻呼呼的游戏以及唱一首你所能想到的歌。采取什么样的方式能让这些人从一个小时左右的潮湿环境下转到每一个人都值得留恋的有趣体验呢？

这三个在一个挑战中设定另一个挑战的方式是完全由你自己决定的。没有人告诉你来开发一个系统用来计算志愿者讲师的数量，用建立信任的方法来解决一个冲突，或者在一个阴雨的徒步活动中做一个游戏。这些都是你自己的决定，用你自己的标准来评估整个事态的发展过程，而不是依靠其他人的原则和标准。

启动属于你自己的"挑战之中的挑战"，很快你就会感受到压力的降低。你并没有被难倒，反而是在前进。你所有的注意力没有被放在面对眼前的事情而无能为力上面，而是被放在了面对一个自己设定的挑战上，一个对自己而言意义重大的挑战上面。

这并不意味着在原有的挑战目标上你目光短浅，能力不足，而是恰恰相反。随着你的压力水平的下降，你会发现在原有的挑战目标上自己做得非常棒，因为你冷静、专注并且更加高效。无论任务是招募志愿者，化解一个冲突，还是让一群疲惫、浑身湿透的人们在雨中开心地笑起来，都是如此。

为接下来做好准备

当克服了这个压力的时候，问一问自己还能够做些什么以便为下一次压力做好准备。

或许你需要更多或更好的装备。例如，如果你和你的伙伴们携带了雪崩救援探测器并知道如何使用它，来自雪崩的威胁就会得到降低。将你大衣上的接缝处进行更好的缝合的话，起码可以降低你在潮湿环境中徒步的一些压力。

或许你可以调整你性格中专注的程度。在你所在的城镇中一定还有另外一个打印店，并且不会将邀请函打印错。另外，没有人会让令人讨厌并且不合作的人到你的活动中去。

考虑进行更多的训练。在我们的现实生活中有着众多的关于恐惧应对的书籍，例如，在开始你下一次可能会遇到熊的徒步活动前，你需要阅读一本有关如何在熊出没区域进行徒步的书籍。

更为重要的是，要问自己在刚刚经历的事故中自己学到了什么。如果你自己的所作所为可以再做一个选择的话是否会取得更好的结果呢？在每一次事故中你学到的越多，那么在下一次的情形下你就会处理得越好。

学着去带队

压力的应对

- [ ] **往往是司空见惯的事情使我们处于压力的情形下。**由身体层面上带来的压力不是最可能出现的,也不是最难应对的。

- [ ] **做一个深呼吸。**让你的情绪尽可能地平静下来,这样你就可以对你所处的情形以及你所需要采取的措施进行冷静的评估。

- [ ] **处在当下。**不要浪费时间去想如果自己在其他的情形下会是什么样,或者对他人的失误喋喋不休。

- [ ] **不要质疑自己的能力。**将自己所拥有的能力最大程度地发挥出来。

- [ ] **提醒自己,自己能够很好地控制好自己的情绪。**明确的告诉自己拥有这个选择,并且这将会增加自己的自信心,降低压力。

- [ ] **寻求一个解决问题的简单方法。**

- [ ] **做一个计划。**如果没有一个简单的解决问题的方法的话,列出一系列的应对步骤并暗示自己的思想和情绪,一定存在着摆脱困境的途径,并且自己已经找到了。拿出任何的已经做好的应急方案。

- [ ] **采取行动。**马上实施自己的计划方案,这样你就开始营造一种不断前行的动力。

通过创造"挑战中的挑战"来应对长期的压力。将自己的关注点从原有的那个让自己感觉身陷困境的挑战中移到一个自己所设定的目标中。例如：

- 创造一个属于自己的游戏。
- 挑战自己的精神。
- 改善和你同处在压力之下的那些人的体验，他们在处理压力时候可能会觉得更加的艰难。

☐ **为未来做好准备**。改善你的装备，改变你处理事情的专注程度，并进行额外的训练。在每一次的事故中学到的越多，你在另外一个事故中就会处理得越自如。

第十四章　组织领导力

如果你在户外带队的时间够长，你自然会被要求在你所属的组织中扮演领导角色。领导一个组织就是将你在户外带队中的技能和经验自然提升的一个过程。

要做好组织领导工作，涉及到很多长期的问题，例如价值观、法律、政治和组织的未来前途等，同时还需要考虑很多人的因素，以及在沟通，计划方面所带来的挑战，这远比第一次户外徒步要复杂、难得多。

另一方面，许多你在户外带队中获得的领导力技能，像团队建设、计划准备、处理冲突和沟通等同样对你带领俱乐部有很大帮助。当你在组织中担任领导时，这些领导力的因素会变得更有用，或者在更广领域发挥作用。你也是组织的愿景、发展和价值观等方面的守护者。当危机来临时，你则是缓冲站。你的工作包括识别、培训和维护俱乐部领导地位，并保持领导力有关问题的重要性。你还需要能运筹好一个会议，跟踪文件，随时跟进。

第十四章　组织领导力

　　带领户外活动和领导一个组织虽有相似之处，但并不能把它们一概而论。领导者所需要的许多品质在想象、尊重、同理心和激励能力等方面都是一样的，但组织的规模和复杂性却使它完全不同。这里可以拿一个四人乐队和管弦乐队之间的差异做一个比喻。蓝草乐队通常由一个玩家领衔，而音乐是比较复杂的（适合自己），但只有四个人靠得比较近在演奏着相关乐器。一个管弦乐队可以有八十个音乐家一同演奏一曲又长又复杂的作品，人们各司其职，通常需要一个全职指挥，指挥不需要演奏任何乐器，使乐曲顺畅进行即可。这个指挥就是一个组织的领导，你必须让人们做具体的和专门的工作，使他们的工作充满意义，一旦被融入整体后就显得美轮美奂。你必须了解组织的愿景和价值观，鼓励和授权人们用卓越的个人技能来诠释它们。兰草乐队的领袖是让人们完成同一件事情，但她也是乐队的一部分，只对另外三个人负责即可。

　　组织是抽象的，户外旅行则很具体。我喜欢探险就是因为它们会让你身临其境并一丝不苟。你必须亲自处理食物、衣服、庇护所和活动目标，而且还不能超过团队的接受能力。到了户外，一切都变得简单、真实和更专注。从户外活动的简单性和事实来看，旅行的开始和结束，预期的时间和反馈分享的时间都使我感到充满新意。组织正在这条路上，作为领队，你必须帮助建立那些精神奖励并创造暂停和反馈的时间。领导一个组织对你的挑战在于你要牢记：依你的经验，什么造就了一个令人满意旅程，并把它带入一个新的领域。这两种类型

> *的领导力都是令人满意的，也可以相互滋养，从幽默和好运中取得最大的收益。*
>
> *——萨莉·麦科伊，山脊户外用品公司总裁*

让愿景、声势和价值观保持长盛不衰。如果你领导一个组织，你就有主要的责任通过使工作更敏锐、富有激情和关联性来保持愿景。保持政策和项目的声势，并确信和坚持其价值观。

愿景。所有重要的组织都是由令人信服的愿景创造出来的，这些愿景传达了他们的目标，同时提供了鼓舞人心的气势和指引。这些愿景往往多年经久不衰，甚至几十年。然而，当它们变得陈旧和落伍时就要被更新了。

你被选举为滑雪俱乐部的主席。表面上看似乎一切都在"正常运转"：预定率基本保持平衡；俱乐部的房子已经被改造和修缮；所有委员会的主席都同意继续任职，他们中的有些人已经是连续第三年或第四年了。

然而你知道，俱乐部的会员最近几年都没有增长。俱乐部安排的活动陈旧不变，每年冬天都引来很多抱怨。每月的例会都无聊至极，安排的演讲大多是无聊的说教，每一次的董事会会议，你都要把场面硬撑下来。国家立法机关对雪地摩托的有关新法律需要你们提供证词时，你的俱乐部因找不到人愿意去而拒绝了。俱乐部里没有太多的热情和正能量，包括对未来的期待。

到底发生了什么？是因为俱乐部的愿景已不复存在。作为领导，你的首要任务是把愿景重新带回生活中。

你要求俱乐部的所有职员和领队都来参加这个特殊的会议来共同探讨这个挑战。当你把你的困扰表明后，只有少数人表示认同，很多人依然在抱怨俱乐部"仅仅是没那么有趣"了。当你读出在俱乐部文件中写到的愿景声明时,大家很难为情,因为三十年后的今天这些确实不适用了。

这时你需要把你的职员和领队叫到一起对愿景进行一些探讨。你要求大家在脑子里勾画对俱乐部的一个清晰、具体的画面,包括未来一年的憧憬。当你要求大家来分享出他们脑子里的画面时,很多场景显现如下:会议被有趣的演讲者和前沿问题的探讨引爆;涵盖滑雪前沿话题、领导力和雪崩安全的系列课程被推出;去到新的和没人到过的雪坡上;激增的新会员;俱乐部职员对土地利用、环境污染和越野车的使用等问题的公共政策进行宣传。

在房间里探讨俱乐部新的愿景时产生的很多细节让人兴奋不已。当每个人分享他们脑子里的愿景时,你和小组成员要花好几个小时把这些观点汇总归纳,然后用这句话作为俱乐部新的目标和方向。做完之后,你要向俱乐部的每一位成员发送新起草好的愿景描述、目标和方向。你利用反馈来完善,最后正式采纳并发布正式文件,作为对俱乐部未来发展的启示和指导。

政策和项目的声势。从一个组织的愿景生成的目标和方向会成为指导的具体政策和方案,如行程时间表,培训课程,领队资质标准,会议主题和政治措施。这些政策和程序将对部分已存在的东西进行更新,而另一些由俱乐部愿景创造出来的新思想则会让人们更兴奋。所有的这些将创造出一个前进的声势,一种可以创造兴趣、承诺和支持的充满活力和期待的感觉。

最重要是要不断跟进,这是你的工作以确保这个声势不会消亡,最初的兴奋不会褪色。但要留意,新实施的政策和新程序会淡出视线。利用俱乐部的新闻期刊和会议让人们经常来探讨愿景和新的可能性。让尽可能多的人参与进来,哪怕他的角色很小,大家觉得所发生的事情和他们的利益越相关时，他们越有可能来支持和宣传俱乐部。

价值观。一个组织的愿景有助于确定它的价值观、道德观和服务的质量，这是最重要的。例如，你可以成为俱乐部丰富的历史活动中的一员，或为开发培训课程塑造良好的信誉，或以人为本的理念让一个新手感到舒适和存在感。除价值观以外的这些原则和标准，有助于指导组织的工作和塑造其声誉。

作为领导，你的责任是确保这些价值观得到组织内每个成员的广泛理解、认同和尊重。俱乐部有可能要花费几十年的时间来打造卓越的文化，让大家以自己的名义做事，并信任他们。如果这种信任被滥用，你就要站出来采取行动。

你作为滑雪俱乐部主席的第一年，势头刚刚建立起来，你就发现一个严重的问题。在前一年重修俱乐部木屋时，俱乐部职员故意不遵守卫生部对脓毒症处理的法规，并伪造了合格的报告。在你即将加入俱乐部成为正式会员前，你要学习这个环境政策。

你电话召集紧急会议，指出这个败举与俱乐部作为环境保护的典范和领袖这一愿景是矛盾的。负责人作了道歉，但指出这是个"捷径"，他们采取的是标准做法，在农村建筑这方面，远离督查。

当你指出这个问题时没人觉得这个"捷径"是个问题，这让你很矛盾。问题是俱乐部的愿景和价值观在这个案例中还留有多大的完整性。如果愿景的完整性受到损害，愿景是不可能被教练和向导们成功延续的。如果"捷径"仍是个秘密，外人是不知道的，会员的自我评价是非常重要的——但声誉一定会大幅下跌。

县城在整个冬季关闭了小屋。俱乐部必须支付1000美元的罚款和额外4000美元的重建费用。当这一切都结束的时候，俱乐部的作为是令人感到自豪的。最开始报纸上报道的事例令人尴尬，但俱乐部后来的做法是值得称赞的，因为它做了"正确的事情"。"成为榜样"比亡羊补牢更重要。

作为一个组织的领导，对价值观的违背你必须保持警觉。但你的主要角色并不是警察，而是确保你的组织有自我监督的机制，定期审视自己的价值观。你的工作就是监督这一进程，以确保没有报告被忽略，滥用和错误都可以得到纠正。

最后，你还要确保组织的价值观不仅成为一个单纯的口号。让你的组织坚持每年至少一次花时间来审视价值观的问题，为使它们保持持续的相关性，有必要重新定义和澄清。

责任终止。哈里·杜鲁门办公桌上的一个牌子上写着"责任到此终止"。你不必像国家主席一样感谢组织的领导人对这一建议的智慧。作为领导，特别是遇到麻烦时怎么办？你要为整个组织如何回应来定调，没有什么比确定结果更重要的了。

你作为皮划艇俱乐部主席任职两个月的时候，在一次俱乐部活动中有个会员不幸溺亡了。活动领队告诉你事故是不可避免的，而且发生得也很蹊跷，但当地报纸要采访你，记者还提到了一些俱乐部存在的疏忽问题。为此，你召集董事会召开紧急会议，但当人们到位后，他们中的大多数似乎更关心的是如何避免个人法律责任，而不是其他事情。

这个会议上，有三件事你需要做：
- 控制自己的情绪，做好准备处理内部危机；
- 让董事会成员们冷静，以自己为例鼓励大家做到最好；
- 制定和实施一个计划。

控制你的情绪。通过提醒自己为什么你首先要面对领导力挑

203

战的原因，来做好内部准备。正如在第二章和第十章中所讨论的，领导力的不同程度对你来说有不同寓意，它与你最深层的理想和价值观相契合，这对你应对领导力挑战的有效程度至关重要。

让其他人冷静。你的董事会成员都在观望着你，不仅是政策导向方面，而且在这次危机中如何作为一个榜样采取个人行动。你要意识到这个角色的不同。你是这里的领袖，而不是"帮派中的一员"，你的同伴需要你，也希望你那样行事。

即使时间有限，但也要花点时间来帮助你的团队为成功应对这个挑战来重塑一下愿景。要让大家知道他们所做的正是他们需要做的，冷静又高效。之前他们已经做到了：杰克认为自己可以应对警方；保罗负责和亲属沟通；茉莉处理所有的法律问题；你则负责向媒体做新闻发布。正是这种能力的愿景，加上你的行为表率，将激励每个人都把自己最好的状态拿出来。

制定并实施计划。从愿景角度看，也建议处理这些问题要有实际分工和具体步骤（如杰克来应对警方）。将这些设想逐步完善，建立先后顺序，形成行动计划，明确责任，最后再执行计划。

制定计划并使之生效不仅为了应对当前的挑战，同时是为了减少压力。列出一系列的行动，这个在第十三章中已经讨论，为的是告诉你的思想和情绪，你已经找到了一条解决问题的途径。你的整个董事会因此会感到少了许多陷阱并更有能力来处理摆在他们眼前的问题了。

担起领导的责任。作为一个组织的领导者，你要负责创建和维护足够数量的训练有素的领导者，并确保他们的质量。促进在俱乐部领导力和领导力培训方面的重要性也是你的工作之一。

> 我要说，领导一个户外组织的人最重要的职责之一就是对培训有道德。也就是说，他们必须确保人们得到

> 训练，以确保他们到户外的安全。提高培训方面，有太多的小事情是一个组织可以做的。如果他们全都做到了，户外事故很可能就会削减一半。
> ——保罗·佩佐尔特，美国国家户外领导力学校（NOLS）创始人

确保你的组织有一个良性机制来选拔、鼓励、培训和发展未来的领队。这应包括提供一系列的课程和进修课程，包括技术和领导力两部分。我们的目标是建立一个可以持续自我提升的领队技能培养机制，同时认可男性和女性领队，以填补所有俱乐部的现有和未来的需求。

保持和提高各级领队的领导力素质。与培训和发展领队密切相关的问题是保持他们的高质量。很多人讲他们之所以退出户外俱乐部的原因是他们在第一次或第二次的户外旅行中遇到的俱乐部领队都很无能，这些领队不仅缺乏技术能力，更重要的是他们缺少围绕"人"的领导力，比如大男子主义或过分自我，缺乏基本的沟通技能，缺少对团队成员的关怀和责任感。

如果俱乐部的领导们忽视了他们应有的职责，那么会员的减少也就无足轻重了。他们还会被要求面对事故和诉讼。重要的是任何户外组织都应该有以下这些机制：

- 一个有效的系统对领队来认证、评估和分配。这个系统应该有严格的程序来认可领队，如他完成了一系列不同难度等级的带队工作，就会允许毕业，并可以进入下一级。所有的证书都应该有时间限制。如果领队在规定的时间内没有完成规定数量的带队活动，他或她就必须重新认证。定期的继续教育应该是强制性的，如心肺复苏技术（CPR）。
- "老带新"的系统要允许新的领队在准备好的情况下由经

验丰富的领队直接辅导，就像"飞机副驾驶"一样。
- 在投诉处理方面要营造公开公平的机制和效果。

要提升领导力和领导力培训的重要性。组织往往在正式和非正式议程上将领导力这个问题回避掉。这是一个错误，因为这样做减少了这些组织将提供正式的领导力培训的可能性，并且会导致有关领导力的问题无论在数量还是质量上都会持续显现。作为一个组织的领导者，让领导力这个主题在你的俱乐部得到重视同样是你的职责。

依我的经验，大多数人不仅愿意谈论领导力的话题，包括一些敏感因素在内，而且他们渴望分享他们的观点。他们只需要一个催化剂——有人来主持对话，让谈论可以进行，并且证明谈论领导力问题是可以的。

去年冬季的一个晚上，我与一群朋友在滑雪小屋内。晚饭后大家闲聊了大概一个小时，我决定尝试将谈话的主题引到领导力方面来。由于在场的每个人都是经验丰富的领队，我直切主题。我问大家，你们是否认为在户外作领导使你们的生活变得更有意义？他们有几个人看着我，好像我刚刚触碰到了禁忌，但其他人很快表达了观点，显然他们已经思考这个问题很长一段时间了。鲍勃说，对他来说，在户外作领队带来的考验比他作为律师要真实得多。苏珊说在户外领队使她的执行力和责任心都得到了自然的延伸。罗伯特说，在户外作领队是他面临的最大的个人挑战之一。很快，整个小组都热烈地展开了讨论，持续了两个小时。

那天晚上，小屋里的每个人都学到了一些东西，即使是那些什么也没说的人。我认为我们每一个人都少了一些以前谈论领导力问题的犹豫。

通过发起这样的讨论，你可以打破一个不必要的沉默，创造表达观点和受教育的可能性。这将有助于你和你的同伴处理这个有点敏感的话题。

请把这种探究精神也带到你的组织中。确保你的组织将领导力和领导力培训作为发行和出版物的一个常规部分。例如，一个关于解决冲突的研讨会，一篇关于领队风格的文章，一个专注女性领导力的小组。

保持这种精神需要你的俱乐部做出一些承诺和得到认可。因为部分成员可能会觉得花时间探讨领导力的问题有些浪费时间，不如更"真实"的一些训练，如定向技能和急救。坚持住，改变习惯是需要时间的。

要学会办好会议。如果不提及每个人最不喜欢的开会问题，组织领导力将是不完整的。如果不是必要，没人愿意开更多的会。但运行良好的会议是极佳的载体，可以将正确的信息及时传递给正确的人，特别是任务巨大而复杂时。

成功的会议需要四个要素：

- 正确的人参加；
- 一份议程；
- 时间要求；
- 营造一个舒适和开放的氛围，让最害羞的人也可以分享。

出席参加。会议最困难的部分往往是在会议开始前让最合适的人来参加。永远不要相信贴出来的通知。确定绝对必须出席会议的人员，单独发出书面通知，并电话和他们确认。

议程不必要非得写下来。但是每个人都需要事先知道会议的目的是什么。会议有可能产生一些惊喜的结果，但议程不应该是其中之一。任何人都应该可以要求小组增添议题或者改变既定日程。

时间限定对个别议题和整个会议都是一个好的办法，特别针对议程庞大而复杂的会议。时间限制不仅有助于确保所有问题都得到探讨，也有助于人们集中精力在他们的思想和言论上。

通常会议失败的原因是没有创造一个舒适和开放的气氛。作为领导，你的首要职责就是设定一个基调。如果你自己不能做出表率，就不会有一个舒适和开放的会议氛围。你也需要和其他人保持密切的协调，尤其是常规的例会，你要知道谁是最害羞的那个人。你也要知道凯西和艾伦，你要尽快让这两个人回到正题，否则他们会破坏会议的氛围。

有些人认为，这种现场会议很快就会被网络会议淘汰。也许他们的观点是对的，但我还是表示怀疑。至少我无法想到通过屏幕人们如何鼓舞别人、消除他们的恐惧、提高他们的希望、减轻他们的怀疑，或者让他们知道我很在乎他们。也许当这一天到来的时候，我们可以做虚拟的户外旅行，我们可以使用虚拟会议来计划行程。

把纸质档案保存好。令人惊讶的是，纸质档案对组织是多么重要，当它管理得不好时，又会造成多大的麻烦和痛苦。如果你不擅长处理这些，就要找一个你极其信任的同伴来负责管理这些东西，如董事会的会议纪要、租约更新、审计报告等。此外，别忘了，至少对于你的俱乐部来说，你正在创造历史。确保你目睹的俱乐部发展历程中的重大事件都被记录在案，并保存到俱乐部的档案中。三十年后，一定有人想要了解它们。

知道什么时间离开。组织中最好的领导者都有一种天生的智慧：知道什么时候继续前进，也知道当他们尽力后什么时候该让位了。组织需要不断更新，要让一个人一直待在组织中并持续创新是非常困难的。按标准模式发展是必然的。当你创造了这些的时候，他们可能会持续几年发挥作用。但不可避免的是，一定有其他更好的事情来取代现状，你并不一定能注意到这个。

如果你已经在一个组织中做领导超过三年，这时如果你发现自己下一年的计划有很多都和去年是雷同的，这时就必须改进了。

当然你也要想想你自己的问题。想必你在工作中已学到了很多，你可能已经准备好在另一个组织中任职或在你的生活中做更大的事业，抑或接受至少不同的挑战。

虽然你已经做得很好了，但在离开的时候还是要庆祝，也要确保组织也是持庆贺态度的。这是一个周期的结束，同时也是另一个周期的开端——这是健康成长和变革的象征。你和组织其实取得了双赢。

学着去带队

组织领导力

- **让愿景、声势和价值观保持长盛不衰**。如果你领导一个组织:
    - 通过使工作更敏锐、富有激情和关联性来保持愿景;
    - 保持政策和项目的声势;
    - 确信和坚持其价值观。
- **责任终止**。作为领导,特别是遇到麻烦时怎么办?你要为整个组织如何回应来定调,你需要做到:
    - 控制自己的情绪;
    - 让团队其他成员们冷静,自己做示范鼓励大家做到最好;
    - 制定和实施一个计划。
- **担起领导的责任**。
    - 确保你的组织有一个良性机制来选拔、鼓励、培训和发展未来的领队。
    - 保持和提高各级领队的领导力素质。
    - 要提升领导力和领导力培训的重要性。
- **要学会办好会议**。成功的会议需要四个要素:
    - 正确的人参加;
    - 一份议程;
    - 时间要求;
    - 营造一个舒适和开放的氛围,让最害羞的人也可以分享。

- □ **把纸质档案保存好**。如董事会的会议纪要、租约更新、审计报告等。
- □ **知道什么时间离开**。组织中最好的领导者都有一种天生的智慧，知道当他们尽力后该让位了。

第十五章　政治领导力

理想的状况下，所谓的政治就是在民主的环境里如何最佳地平衡各方利益。对于很多户外人而言，环境问题是一个特别关注的问题，不管你是否参与其中，成功的政治意味着成功的领导力。

不可否认的是很多的户外人和户外组织应该面对环境方面的挑战。伐木的行为极大地影响着森林和溪流，来自工厂和个人的污染行为弄脏了水源和空气，大量的人流威胁着国家公园，人口的增长使得对资源的瓜分越来越突出。

问题和挑战都已成为了人们耳熟能详的字眼，且会永远存在。无论是政府的监管还是公司的良知都无法有效地应对眼前出现的问题。正如一个世纪前约翰·缪尔及其创建的塞拉俱乐部（Sierra Club）说的那样，真正解决眼下问题的答案是公民行动。

领导一个政治运动和领导一个户外活动所需的核心能力具有很大程度上的相似：计划和组织，关怀，信任感的建立，冲突处

第十五章 政治领导力

理，制定愿景，并针对这个愿景进行沟通。

但是，相对于户外活动，政治运动更加的复杂，它需要花费更多的时间和精力。大多数的人没有参与其中是因为他们没有这个意愿，有人被迫参与其中是因为他们的利益被触动了。

上一次劳拉看到大松林峡谷（Big Pine Valley）的时候是在两年前。那个时候，高大的树木从山谷覆盖到了两侧的山脊，只有约100米以上的山脊的顶部没有树木覆盖，因为那里的坡度过于陡峭，覆盖了过多的岩石以至于少数的松树都无法生长，只剩陡峭的悬崖和灰红的岩石。在山谷顶端看到雄鹰也不是什么稀奇事，甚至幸运的时候还可以在谷底偶遇寻找蓝莓的黑熊。

劳拉在数十年之前常常带队到这个区域来，她非常向往有机会的时候还可以再回大松林。这个愿望终于有机会实现了，但是呈现在她眼前的却是丑陋的景象。3000多米的道路通过了偷猎者弯道（Poacher's Bend），一个新建的伐木道路和大松林连接了起来。劳拉突然发现自己眼前的山谷已成了光秃秃的景象。皆伐（clear cut）的措施已经遍布山谷的两侧，直至山谷两侧的山脊顶部。太阳直射的广阔区域，只有昆虫在打破着炙热的阳光。此处已经没有了任何的动物，甚至是零星的鸟叫声也听不到。

劳拉在过去怎么也不会认为自己跟"政治"人物有任何的联系，但是现在她已经要疯掉了。州里面如此美丽的地方现如今竟然被毁掉了，毁掉的理由是什么呢？向日本出口原木？以便一些跨国公司利润飞速增长？让新的区域成为另外一个人满为患的郊区？

当劳拉返回城市不久，她就着手一些之前从未涉及的工作，给报社写了信以表示她的愤怒。让她吃惊的是报社竟然完完整整地发表了她的原文。近来，很多劳拉的朋友都给她打来电话祝贺

213

她。但是在接下来的一周时间里，她看到了两封反驳她的信件。其中的一个来自州的自然资源部，这个部门拥有着大松林峡谷所有的林区土地。自然资源部认为砍伐活动是一种长期的收获，并强调单独大松林一个砍伐项目就可以挣得150万美金的利润，我们所处的州是不发达区域，现阶段这个项目可以为学校提供很多的支持和帮助。此外，信件中还提到，林木砍伐活动可以为失业率高达20%的我们提供很多的工作岗位。

另外的一封邮件也被媒体发布，内容直指那些徒步爱好者，户外仅仅是他们嬉戏的场所，但是对于当地的居民而言，树木好似他们的牲畜，困难的境地无法让他们送孩子到学校中念书，无法去买徒步背包。

劳拉对这两封信反反复复地读了很多遍，感受到的却只是愤怒和沮丧。当然，她过去就知道针对伐木而进行的各种争辩，但是让她难以理解的是州政府将伐木方面收获的利润作为支持乡村学校发展的手段。那么，除了这个方式之外是否还有其他的一些手段可以被作为基金支持呢？伐木工人难道不可以在其他领域获得工作机会吗？皆伐的方式难道是树木砍伐的唯一方式？整个的情景相对于她第一次在媒体上发泄愤怒的时候相比，变得更加的复杂和不确定。

也许你也处在和劳拉相同的境地，感受到了她内心的感触。尤其是当你看到了山间树木被伐尽而展现的丑陋景象，被污染的树木漂流在下游的河道中，公园被毒品贩卖人员充斥等等，这一系列现象内心感受是一样的。谈及这些悲观的话题还不够，因为部分人会因它而获利。他们也会因为公民自身的惰性而持续存在，因为还没有足够多的人站出来挑战这些问题，更何况缺乏足够的领袖介入其中引领事情的发展方向。

你所需要做的就是站出来给眼前的环境问题"指出一个方向",但是必须能够被他人轻松地实施出来。

做好准备。评估障碍和风险,对相关的问题做充分的研究,组建一个团队,找出谁是决策的制定者,制定一个计划,就自身和团队做好一系列相关的准备来应对分歧和冲突。

努力完成任务。建立信任,找出那些潜在的问题,与对手进行一个对话,保持警觉,制定一个媒体策略,避免常见的妥协举措,建立愿景,并将愿景转换为实际的行动。

保持任务的完成状态。保留你已经建立起来的策略模型,并将类似的挑战情形转移到生活中其他的领域。

> 近期我跟一个团队进行了一次对话,这个团队近期总是在抱怨我们户外使用方面的种种限制。我提醒他们说,这些限制政策是强加的,因为人们过度、错误地使用荒野。相反,对此我们不应该简单去抱怨,而更应该积极地行动起来保护我们拥有的环境财富,复原我们已经失去的,并增添新的荒野区域。是时候针对世界的环境采取"心肺复苏"(cpr)行动了——保护(Conserve),保全(Preserve)和复原(Restoring)。
>
> 现实中存在着诸多的挑战,并有很多的反对者,这已是司空见惯的状况。当下我们所认为理所应当的荒野体系被首先质疑,且因为私人权益被侵犯有的人而对其进行反对,但是人是变化的。开始的时候,大多数人仅仅是不想知晓,或者针对正在发生的事件没有过多思考。当他们看到有人展示出了相应的关注和承诺,他们中的很多人会倾听,并且改变他们自身的行为。
>
> 当然,现实中存在着实力强大的公司以各种各样的方式破坏着环境,但是这并不意味着你不能让他们做出

> 改变。这些公司中的一个（3M）就决定做出改变，在十五年的时间里他们削减了一半的污水排放，并且创造了近5亿美金的利润。
>
> 目前，做出改变的一个极大的挑战就是重新设计我们已经做出的设计。其中最好的一个设计就是易拉罐上的拉手，以及4升冲洗马桶。我们旧有的设计没有考虑到相关的环境影响。但是，现如今企业都已经开始关注这些环境影响方面的问题了。针对你个人使用方面的"心肺复苏"三个维度，思考自身行为是否有必要重新被设计，并努力做出一些改变。
>
> ——戴维·布劳尔，地球岛研究院创始人

做好准备

三思而后行。就未来可能会遇到的困难和风险要做好相关的准备。大多数的政治事件多多少少都会涉及系列的冲突和分歧，如果你没有全力以赴地做出应对，冲突就会演变得极其险恶。政治性的工作很多时候会伴随着沮丧和压力——并常常是数倍于你预期的工作量。对此要做好充分的准备，三思而后行要远远优于匆忙开始最后不得不重来的状况。

针对问题进行相关的研究。劳拉知道，如果她在发出她的第一封信之前再多读一些信息，打几个电话她会有一个更好的开端。

劳拉无需以一种凑合的方式开始她的相关研究。还有很多很多的人对于皆伐问题都非常的关心，而且就此已经完成了一些相关的研究。劳拉需要和环境以及公共政策的相关人员进行会谈，例如，其他州的一些针对砍伐冲突的应对事件。如果她发现还有其他的一些组织已经就她所关心的皆伐问题开展了一些有效的行动，那么对于劳拉而言此时最好的策略就是向这些组织寻求相应

的帮助和支持。

但是，现实的情况并不是上述的假设。既然她已经决定了要继续前行，那么此时的她需要帮助。

针对你所希望看到的愿景组建一个团队。如果你所面临的问题比较庞大和复杂，不要尝试着一个人去应对。在最开始的阶段尝试着组建一个团队。可以把在你所在的户外组织中以召开一次会议的方式作为开始，在媒体报纸上张贴一则广告，亦或是给你的朋友圈打一个电话。

你可以通过所在团队的力量，你已经完成的工作，你的观点等因素招募一些同盟者。但是如果你没有将一些事实放到一个成功愿景的内容里，那么不确定就会产生。即是你不一定有足够的力量影响人们做出你所期待的承诺。

在劳拉开始打第一个电话之前，她需要冷静地坐下来，在脑海中尽可能清晰地呈现出她所期待的有关大松林谷的样子。如此的景象将会给她接下来的游说增加相当的说服力。

劳拉对她最希望获取帮助的朋友肯说："我们所在的团队已经具备了相关的技能来组合一个关于伐木的计划方案，这个计划可以让大松林免于被伐尽，此外，实现这个方案的同时还不会影响到当地的学校和工作。杰森和你都是律师，奥德丽已经在大学教授了近二十年的林学，山姆是州里面的一个立法委员。内尔有一个自己的广告公司,如果我们想重新招募类似这样的一个团队，设法拿出一个好的方案，并将这方案出售给相应的环境组织、竞技钓手、猎人和当地部落，此时的我们该怎么办？如此的举措将会带来一系列的呼声，州政府也不能视而不见。此时我关于眼前的这个问题都是一些陈旧的想法，但是我们是一个新的声音，我们希望能够带来与众不同的结果。"

217

在和同盟者的第一次会议上劳拉将大家聚在了一起，并邀请大家努力服务于共同的愿景（如何以团队的方式）。然而，现实中团队中的几个人认为制定一个愿景是浪费时间，他们想立即开始"屠龙"计划。

此时的劳拉向团队成员解释说，愿景会对详细的计划发挥指引作用。团结团队中的每一个成员，使团队充满驱动力。为了实现说服他人的目的，这可能是最强有力的工具了，就此她邀请那些犹豫不定的人做一个体验小游戏。

劳拉让大家以各自未来三年的时间为一个节点，并尽可能地清晰他们的想法，针对他们期望实现的结果呈现出一幅图画。然后，劳拉邀请每一个人都给其他的人分享一下各自的蓝图。分享的过程中只有一个规则，即他们必须真实得就好像三年后的某个时间来回顾之前已经过去的三年经历。不允许使用将来时的词语，如"将来""可能"等。

练习刚开始的时候进行得非常的缓慢，且有着几分的尴尬。但是很快蓝图就开始呈现了，像大松林一样的山谷依旧被绿树覆盖，其他的区域也是有针对性地进行着砍伐，树桩和小树苗依旧保留了下来，乡下学校校舍的屋顶也不再漏水，伐木工人的工作也都非常不错，退还了集水区和植被再种的工作。

当这些景象开始进入人们脑海中的时候，劳拉开始询问大家，为了实现这些景象我们大家需要做些什么，富有合作性的社员，共同演讲和论坛，个人会议，州府区域的游说活动，一个媒体行动，或者更多其他的行动。

半个小时的时间，一系列出色的元素被增添到了劳拉原有的蓝图计划中。包括，一个成功且富有教育性的努力，通过这个努力的过程得到市民更长久的支持，让环境组织加入到为伐木工人创造工作岗位的行动中。

劳拉将这些愿景通过书写或绘画的方式表现在了纸张上，然后团队成员们帮她将这些信息转换为能准确描绘愿景的句子，包括他们希望实现的愿景结果，以及实现的途径和方式。关于愿景的描述有：皆伐行动被终止了，乡下的学校得到了较好的支持。林业相关的工作岗位也得到了增加。整个的过程都是双赢的结果，并代表着各方的利益。

哪怕是那些抱着迟疑态度的人也都参与到了项目过程中。团队成员一致认为他们的愿景极具吸引力，让人激动，而且是可行的。尽管如此，愿景仍需要增添很多的细节元素，愿景此刻变得清晰了，并且对于一场运动来说已经足够的坚实。劳拉的团队已经准备好开始真正的行动了。

找出来谁是决策的制定者。现在劳拉的团队需要找出来决策和决策形成的关键影响因素在哪里，这样才能进一步地明确策略、事件以及相关资源等方面谁有权力做出相应的改变。

例如，针对国家自然资源部门的行动谁才是最终决策的制定者；政府官员，还是一个对应的委员会；既然利益到了学校，那么州里针对伐木问题的相关监管又有多大的影响；相关的伐木公司和工厂有哪些；他们是否有他们自己的协会和游说团队。

相关的政客是什么情况？关于州所辖土地的自然资源政策方面谁是影响力最大的法令制定者，这个问题的党派关系如何。

既然劳拉已经开始了行动，那么她不可能忘却出版商的力量。他们不只是给编辑写信件，他们在对人们的影响方面还可以发挥很大的作用。劳拉所在的团队需要找出关键报纸和电视台关于这个问题的相关编辑政策，以及谁是核心观点的产生者。

最后，关于皆伐措施不同的公民团体的意见和感受是什么？劳拉已经得到了一些证据，大松树附近的人们对于她的位置不是十分友好。运动钓的人群对此又有着什么样的观点呢？土著居民呢？

制定一个计划。如果缺少计划，哪怕是最棒的和最富有远见的公司也会瞬间陷入到一团混乱之中。

劳拉制定了一个计划表，并将其贴在了墙面上。她所在的团队也认同他们应该有一个三年的愿景计划。对此他们在横坐标上画了一个时间线，并且这条线足够的长，能够涵盖整个的项目（见下面的图例）。然后，他们将他们的愿景写在了计划表的上面，这个愿景也会是接下来所有事情的出发点。

现在，他们将他们的整体愿景拆分成了数个小的目标，并将其列在了计划表的左侧，每一个目标下面相应的位置也留下了足够的空间。劳拉团队的目标包括改变皆伐政策；保留乡村学校的资金支持；创造乡村社区的工作岗位；针对相关的主题内容对公众进行教育；使得立法通过。

随后，劳拉的团队又将每一个目标拆分成了若干个步骤，并将若干个步骤写在了相应的每一个目标的下面。针对每个小目标，通过一个时间线将其相关的时间节点也都表示了出来。时间线横穿了整个的计划表。最后，团队又将一些关键性的事件放在了时间线上作为基准点。

下面我们大家就一起来看一下劳拉和她的团队制定的一个简易版本的计划表。真正版本的计划表会显示出计划相关的所有步骤，但是简易版本中只是用"*"来表示这些基准点。这个看起来或许有一些乱，但是却可以很好地显示出工作的相关细节。

劳拉的计划表

愿景： 皆伐运动已经停了下来。乡下的学校已经得到了相关的支持。林业相关的雇佣状况也在朝着好的方向发展。整个的项目到目前为止都实现了双赢的结果，也代表了各方的权益。

2008　　　2009　　　2010　　　2011

　　　　　　　　　　　　　　　　　项目完成日期

时间线_____*

目标1：改变DNR皆伐政策

　　　　基准点　　　基准点　　　完成日期

步骤1_____*_____*_____*

步骤2_____*_____*_____*

步骤3_____*_____*_____* 等等。

目标2：保留乡村学校的资金支持

步骤1_____*_____*_____

步骤2_____*_____*_____* 等等。

目标3：创造乡村社区的工作岗位

步骤1_____*_____*_____*

步骤2_____*_____*_____* 等等。

目标4：针对相关的主题内容对公众进行教育

步骤1_____*_____*_____*

步骤2_____*_____*_____* 等等。

目标5：使得立法通过

步骤1_____*_____*_____*

步骤2_____*_____*_____

步骤3_____*_____*_____* 等等。

目前剩下的一份工作就是针对每一部分的行动进行相关的责任分配。对于大的项目，例如劳拉所负责的内容，可能需要成立一个专门的委员会。

不管怎样，人们相应的名字需要体现在图表上，写在步骤以及他们所负责的项目目标边上。

这个计划现在就可以对整个的活动进行指导了，但是这并不意味着计划书不会就变化进行自我的完善。表格上方的愿景可以作为表格内容中每一步骤的实施及建议性的变化的检查依据。如果采取的一个步骤或者变化不能够很好地实现总体的愿景，那么这个步骤或者变化就不应该出现在表格的内容中。

准备好处理冲突和分歧。开展任何的政治方案不可避免地会产生冲突，因此你以及你的团队需要针对有可能会产生的冲突和分歧进行相应的培训。接下来让我们回顾一下第十二章里提到的关于解决冲突的建议。尤其是，在你及你的团队成员进入到争吵阶段的时候，切记：

- 对于你的应对方式你有着控制权，无论什么样的挑衅。
- 抛开旧有的观点和消极的判断，如果想当然地认为你对立面的团队处在一个自我实现角色，如此的想法和判断会在很大程度上削弱你成功的几率。
- 任何导致冲突的真正问题很少会清晰地浮现在桌面上。任何的冲突都像冰山一样，大部分问题都隐藏在水面之下。
- 成功处理冲突的关键是在你和你的对手之间建立彼此的信任。而建立信任的关键则是关怀。

你整个的团队都需要在如何处理冲突这个主题进行针对性的培训。如果你所在一方的成员认为毫不让步是唯一处理事情的方式，那么建立信任将会变得异常困难。针对十二章节中的问题和你的团队成员进行讨论。让你的团队成员感受关怀的力量，以及如何有效地发挥关怀的作用。

通常，针对可预见的冲突情形进行角色扮演是一个非常棒的方式。你扮演反对方，而让你的团队成员以他们现在的角色面对问题处理问题。互换角色，帮助团队成员认识建立信任的重要性所在。

> 如果你想为了改变做一个出色的代理商，那么先要成为一名出色的教师。雷切尔·卡森就是其中最棒的一个。她是成功的，因为她做足了"功课"，进行了充分的沟通，而且她充满了爱心。
>
> 关怀是关键，尤其是存在着冲突的情形下。你需要用同情心来为你赢得赞赏——这份同情心包括对待所有人，当然也包括你的对手。如果你攻击他人的时候，人们基本上不会改变。远离冲突分歧可以促使事情朝积极的一面发展。
>
> 如果你处在一个冲突之中，要保持头脑清醒，并厘清事实。我可以在与"明智利用运动"负责人的公开争辩的情形中率先跳出来，因为我可以用他不久前说的话来回应他。他不可能逃避他自己的历史。
>
> 年轻人在环保政策中非常有效，因为他们比我们更加地理解必须和相关的糟糕后果相处。他们需要识别挑战，并认识到他们自己能够做出一些改变，进而并采取相应的行动。
>
> 当然，如果你的身后有一个组织的话对你会有着极大的帮助。例如现实中已经有一个组织做着你想做的事情，那么加人到该组织的活动中去。如果，现实中没有

> 其他的人或组织做你想做的事情，那么你需要自己着手开始行动。在我过去的人生经历中我已经创建了近30个组织。他们其中的一个，地球之友（Friends of the Earth）已经发展到了全球近57个国家。
>
> 综合上面所述的信息，保留希望。因为很多事情在当下看起来可能是错误的方向，但是你却可以帮助人们实现180度的大转弯。对此，我非常喜欢艾默里·洛文斯所说的一句很经典的话语：当你到达地域边缘的时候，此刻唯一有效的方式就是向后退一步。
>
> ——戴维·布劳尔，地球岛研究院创始人

完成任务

建立信任。那些最可能会影响到你手头事务的人或者团队是谁？这些人对你信任最少的是谁？将你信任建立的全部精力投入到这些难度最大的目标上。在劳拉的案例中，她可能从学校基金和伐木工作岗位中受益的那些乡下人开始。总的来说，她发现通过对这些人的游说行动已经足以阻止任何伐木改革运动的努力了。

劳拉以及团队的成员需要采取相应的行动，以小团队的形式或一对一的形式来与反对者建立信任。劳拉的第一次会议有可能会是与那个给她写了言辞激烈的女士进行的。劳拉需要邀请那位女士共进午餐，或者更理想一些与这位女士喝一杯茶。

开始阶段的这些会议的主要目的不是重复旧有的那些争论，而是建立人和人之间的新联系。劳拉需要澄清的一点是，她关心的不仅仅是那些树木，还有那些乡村的学校和工作岗位。劳拉越能尽可能多地展现她人性的一面，甚至是分享她自己在这件事情

上的疑虑和挫折，她就越有可能收获那位女士友好的反馈。

不用说，如果这些人是坦诚的，那么就会主动地开始上述的工作。如果劳拉对此仅仅是装装样子，那么，那位女士接触劳拉之后很快就会感觉到这个假象。

劳拉和这位女士有可能永远都做不了好朋友。但是，当她们以一个真实的、个人的方式接触，就会建立一定程度上的信任，旧有的规矩和其他的一些旧观念就会逐渐地消失。随着信任感的建立，她们每一个人都会努力地尝试做出一些之前从未做出的改变。劳拉在她们的第一次会面之后，又提议了另外一个会面，而在新一次的会面中她们两个都带来了一些新的信息。

的确，进入狮子的领地上是需要勇气的，但是如此的做法会收到不同寻常的效果。你的对手也会因为敬重你的勇气而带给你惊喜。你的举动也会在某种程度上有助于削弱双方之前的那种因为相互的指责而产生的满足感。此时的劳拉距离问题的解决依旧还有很长的一段路要走，但是起码她已经建立了一个之前不存在的联系。

就她要解决的问题而言，在她自己的态度方面依旧存在着挑战。她自身的态度在她第一眼看到大松树被砍得一干二净的时候使得她的言行过于鲁莽。通过和大山的女士的对话经历，使得她朝着好的方向前行，此时的劳拉满脑袋都在回顾，她是如何解决工作和生活中的其他冲突。如果她能打开一个看似紧闭的大门的时候，这个大门就像之前被砍光的松树一样。她可以选择回到城市，也可以选择跟她的同事一样留在这里。

探寻那些隐藏的问题。当那些本应该认同你的人却延缓了自己步伐的时候往往预示着还存在着一些没有被带到桌面上的隐藏问题。任何一个政治性的问题都像一座冰山，冰山的大部分常常隐藏在水平面之下，这些问题没有人说出来，也看不到，你需要面对那些有可能存在于你和你的盟友以及你和对手之间的隐藏问题。因为这些问题，及围绕着这些问题而产生的情绪常常会控制着人们的行为。出于害怕失去选票，政治家们可能做着他们该做的事情。官僚们可能会显示出几分的犹豫，因为他们担心产生纠纷。几乎对于每一个人而言，一个关键的潜在问题可能会担心变化，担心离开安全的环境，也就是大家都知道的冒险尝试一些新的事情。

如果说隐藏了诸如上述的问题，且有情绪存在的情况下寻求一个一劳永逸的解决方案就显得非常的困难，劳拉的挑战是寻求方法将那些没有威胁性的问题提到桌面上来。其中的一个途径就是她首先要在内心中对所有的潜藏问题保持一个开放的心态。他的坦率也许可以鼓励他人尝试着以一个友好的态度做出回应。

有时候你需要发现一些不会让你和你的对手发生政治交锋的问题，并远离那些可能会导致你们分离的问题，以这种策略作为信任建立的一种方式有时候是可行的。例如，如果一个当地的官僚或者政治家为劳拉的团队制造了一些困难，那么或许团队中的一员可以将他自己放在同一个社区运动项目中，或者同一个家长教师委员会中（PTA）。或者更好的一个选择是，劳拉团队中的一员可以和那位困难的人来一个激流皮划艇或者徒步健行。任何能够让双方在一个放松的环境中到拥有美妙体验的事情都有助于帮助他们建立起应对分歧的信任。包括那些可能会激起冲突的隐藏问题。

和你的对手进行一次对话，而不是争论，并利用这个对话寻求双方共同的立场。争吵的目的是为了证明自身的正确，对话的目标则是建立双方足够的理解和信任，进而找到一些双方认同的内容。

当劳拉和她的团队开始与官员，政治家，说客，材料加工厂所有者，以及工会领导进行见面的时候，他们应该尽一切可能避免有可能会出现的争辩，然后尽一切可能获取有利的结果。为了实现这个目标，他们需要向他们的对手说明相对于争辩而言，对话可以带给我们双方更多的好处和利益。他们还需要注意的是，就对方所认同的内容他们也是认同的，例如，支持乡村学校，提供乡村工作岗位。最后，他们也需要指出他们提案中需要明确的内容，例如阻止那些有损溪流的行径并保持鲑鱼溪流的清澈。起初双方的认同点创造了后续寻求更多共同立场的可能。

保持精明。依托于信任基础的策略，没有人建议你放弃事情的来龙去脉。当你和最亲爱的朋友一起玩大富翁游戏的时候，你仍然需要控制过道（Board-walk）和公园广场(Park Place)。

1. 主动书写报告的第一份草稿。书写第一份草稿的人常常会享受着只进行编辑工作的人。

2. 不要朝令夕改让人无所适从。当你发出要求之前，一定要进行一个仔细的考虑，这样你就会避免轻意改变主意的情形。在对信任的毁坏速度上没有一个事物可以比得上朝令夕改的行为了。

3. 做努力工作的那个人。做好的研究，阅读所有的印刷品，而不是粗略地翻看，真正地理解诉讼案件摘要，当需要组织会议，做出最后决策时候这些都是需要额外付出的。

4. 防止问题的发生。在会议之前，如果你担心会有不受控制的公开反对的情形，那么通过和你的对手进行一个私人的会晤的方式来化解相关的问题。他们可能不会需求合作，但是此举也会使得对手尽一切可能避免一个冲突。

5. 跳出线路图。知道向谁报道还不够，你需要发现尽可能多没有写出来的压力，关联及非正式的网络。谁听谁的？谁不喜欢谁?

6. 扩展你的同盟战线。针对你所需要的同盟，与那些在其他区域有着相似问题并努力解决的人保持联系。你永远无法预测他们中谁将会有一个突破，在你所面临的问题中你可以用类似的方法进行解决。

7. 避免说教。"作为人类你怎们能去破坏如此美丽的森林呢？"如此的方式是最容易让人们失去兴趣的。当然，也许可能是对的，但是说教的方式会让人们产生防御性和不合作的结果。

根据你的愿景建立一个媒体策略。决定你需要向公众说些什么内容，为什么，何时，以及你要对谁说。利用你的愿景整合你所有在媒体上付出的努力，包括广告、广告单、演讲、信件，大量的邮件、网站和采访。在政治运动中事物可以快速的启动，一个强有力的愿景会让你的信息更加的专注和持久。

在你整体的日程方案中增加一个媒体策略。如果你是利用无声的妥协达成了成功，例如，你可能会彻底地放弃媒体，直到你想通过你的妥协实现观众对你的支持。

避免折中妥协的策略，这只会延迟冲突的爆发。随着你和你对手之间的信任度的降低，以及在事情上哪些是赞同的，哪些是不赞成的变得越来越清晰，避免简单的依靠化解分歧的方式来解决争端。哪怕是你确实靠这种方式获得了成功，问题依然会恶化，因为问题没有从根本上得到解决，况且双方都没有真正地达到满意。相反，此时的你距离目标是如此的接近，因为他建立在双方共同的价值观和优先权上。

如果说劳拉接受了牺牲一半的山谷和使一半的学校面临资金的短缺的结果这样的一个决定，那么劳拉将会犯下一个错误。

冲突产生的根由依旧会存在，如此的状态就像林间的一个地表火,看起来安静,但是仍旧会将火苗带到其他地方。事实上劳拉还可以做得更好。

建立一个大愿景——一个所有人都接受的愿景。如果你在建立信任方面的努力产生了作用和效果,如果情绪的蔓延被有效地阻止了,那么人们也会真心地去倾听彼此。如果你找到双方共同的立场,那么一定要抓住这个难得的好机会建立一个彼此期望的愿景。让所有冲突方参与到讨论中,进而产生一个旨在让各方都受益的方案。

劳拉开始着手得到来自各方团体的允许来使用共同的愿景。劳拉解释说,此举措的目的旨在让各方停止"我们反对他们"的原有观念,并开始以同一个社区成员的方式解决共同问题。

劳拉(或者说是第三方引导员)将团队带到了相同的愿景过程。劳拉引导所有的人进入到一个旅程中,并努力让其充满着乐趣。细心的劳拉让他们的对手先分享他们自己的愿景,一小时不到的时间里几乎所有的人都投入到了对团队的支持中。

让很多人吃惊的是,愿景是可以共享的,甚至是在第一次的彩排练习中。所有人都看到了学校被支持,水土流失和洪水得到了控制,乡下的城镇和牲畜不再丢失了,鲑鱼回流不再受到破坏,州里的伐木产业依旧保持着自给自足的状态,对环境的破坏现象也在逐渐地减少。整合后的画面景象应该是正确的计划并流露着公平性,即在满足经济和社会需求的同时显现出环境保护的目标。极端的视角并不是属于彼此的愿景的,这个事实进一步地粉碎了旧有的陋习,从而建立了信任。

将愿景转化为现实中的方案。如果你已经采取了这个方案,所有的团体现在都准备转向大家共同的愿景,他们创建了针对性的项目和政策建议。与棘手的法律和资金问题进行搏斗是这个方案中的一个组成部分。如果你们在这些敏感性的问题上没有达成一致，那么就不要让讨论停止在那里，转到大家达成一致的共同愿景中，而且尝试着另外的一条路径去制定方案。寻求保全面子的方式来让其他人从原有的位置上下来。

理想的情况是，此时的愿景显现出了其本身强大的作用，所有的人和团体都参考这个愿景，不管是赞成的一方还是反对的一方。人们开始关注他们的目标，而不是攻击彼此，这个过程好似一个共同的挑战。

在劳拉的愿景中，通过这种团队合作的方式产生的方案可能包括以下的内容：

- 临近的公家林业交换土地以实现保护主要的休闲和动物栖息的土地；
- 在选择性的和可持续的伐木区实施相应的实验；
- 特定的区域禁止以皆伐的方式进行砍伐；
- 针对乡下的学校获取政府的财政保证；
- 流域重建和其他类似的工作确保一定的乡下就业情况；

一个强有力的愿景过程奠定了其自身的重要意义。人们开始逐渐地减少对抗，相反却表现出了更多的创造性。此外，他们在个体兴趣和服务于所有人的新政策方面建立了更多的联系，显然所有这些成绩在怀疑或愤怒的情况下是无法实现的。

就艰苦的奋斗要有充分的意识，人们常常会抓住机会来寻求一个选择性的过程，以求产生高水平的能量，极富创造性的思维以及非常棒的结果。出色的想法来自于任何的一方，环境主义者建议保留伐木材料加工厂，建议伐木材料加工厂的厂主针对溪流的蓄水设定计划和方案。

保持任务的完成状态

保持原有的构架。劳拉所在的团队需要解决一系列的问题来创造一个切实可行的问题解决构架。既然这场战役已经胜利了,他们也没有必要让这个框架无声无息地消失。起码有一点他们需要认同的就是,他们需要一个框架来强化那些随着时间的推移而逐渐削弱的解决方案。此外,他们可以使用这个策略解决类似的冲突和分歧。

他们所创造的这个框架原本就是一份礼物,因为这个框架可以帮助他们所在的团队解决一系列没有关联的挑战。就棘手的问题寻求到一个解决方案可以使得团队中其他的同伴得以解放,劳拉和她的团队收获的成绩让很多人都觉得已经是一个奇迹了。眼下,她和她的团队必须保留这份来之不易的成果,并且利用这个成果来解决其他的困难及敏感的问题。他们及其他相关的团体针对之间存在的争端和分歧同样可以利用这个冲突解决方案,并彼此分享过程中的收获。这些其他的冲突在内容上可能存在着不同,但是作用在其中的个体的情感和人与人之间的动态关系都存在着很大程度上的相似。

> 当我们迈入到另外一个千禧年的时候,国家保护领域中的领导力一定要经受我们曾经许过的诺言的检验,这个诺言涵盖了将来自各个地域、文化、种族的选民参与到我们的行动中。我们必须主动地应对迎面而来的现实,即美国的保护运动目前都是清一色富有的白人,也就是我们所说的"美国绿色运动是白色的"。保护运动中对多样化人群缺乏意识层面的欢迎成为了当下成功实现我们自然遗产保护的最大障碍。
>
> 这种挑战不仅仅是哲学层面的挑战,还是政治和经

济层面的挑战。少数人的政治力量在当下的美国在不断增长，以至于说在下世纪初的时候如果没有这部分人的声音和支持，国家自然资源保护所需的长期支持是难以实现的。如果城市内的人和少数人没有被动员去看、感受和体验来自黄石国家公园、当地水流或者州国家公园的生态系统的时候，与临近他们家园的区域相比他们就不会支持保护偏远地域土地而制定的法律或提案。

保护主义者必须提升他们自身的兴趣和责任，最终在多样化状态下的政治力量将会实现对保护的支持，以及对荒野土地和公共开放区域的保护。简单来说，所有的一切都始于教育和个人在自然环境下的体验经历。作为社区中的一个份子，保护运动的倡导者必须承担更多的责任，这份责任主要体现在建立基金，并提供相关的教育体验上，这一举措最终会在个体身上建立自我存在感。

作为保护领域、保护组织的一个领导者，必须采取全新的户外教育或体验教育模型。学生保护协会（SCA）认为，将孩子带入到林间从事保护项目的模型是在公民保护队创造的模型基础上产生的，只不过没有吸引少部分的青少年。在20世纪70年代，我们开始为我们城市里的项目进行招募，但是一次有效的活动难以真正地改变人们对自然世界的认知和观念。

在1990，学生保护协会开始将相关的活动带入到城市里，并为城市儿童提供相关的保护经验，这些儿童大多数不是白人，他们选择活动都和他们自身的生活有关。这些项目内容包括教授一些基本价值观，如土地管理，并在他们所在的城市环境中进行活动。我们针对这些活动为对象特意延长我们的承诺。通过与土地管理组织合作增加了指导项目和职业化实习的方式,从而使学生主动参与项目的时间达到了六年之久。

通过创造性的项目,与服务于休闲社区的私人保护组织,土地管理经理,户外教育工作者和商业组织的合作伙伴关系都可以呈现翻天覆地的变化。上述的机构和工作方式都增加了保护运动的多样性。我们所需要做的就是肩负起我们的领袖角色。

——杰伊·艾迪生·萨茨,安全和项目副总裁
学生保护协会

学着去带队

政治领导力

☐ **政治上的成功意味着成功的领导力。**政治活动组织中所需的概念和技能与户外带队中所需的概念和技能有着很大程度上的相似。

相关的准备

☐ **三思而后行。**考虑后续可能会面临的障碍,风险,冲突以及艰辛的工作。对于这些困难你准备好了吗?

☐ **着手对问题进行分析,对已经完成的部分进行研究。**找一下有没有相关的组织已经就你所关注的问题开始了研究,如果有那么此时对你而言最好的策略就是参与到他们当中。

☐ **针对你所希望看到的愿景组建一个团队。**在驱动人们采取行动方面,愿景的力量会远超一些事实。

☐ **明确谁是最终的决策者。**决策和形成决策需要依托哪些因素?

☐ **制定一个计划。**将你的愿景拆分成一个个的小目标,并将一个个的目标落实到接下来的行动中。制定一个时间主线,并针对这个主线安排分配相应的任务。

☐ **时刻准备着应对冲突。**基于信任的建立和寻求共同的立足点的策略来处理冲突。

实现任务

- [ ] **建立信任，从那些信任你的人开始。**
- [ ] **探寻那些被隐藏的问题。**如果工作中有很多隐藏的问题，以及由这些隐藏的问题所产生的感受没有得到有效的处理的情形，寻求一个针对冲突的有效途径和方法是异常困难的。
- [ ] **与反对者建立对话，而不是争论。**并依托于建设性的对话寻求共同的立场。
- [ ] **保持一个明智的状态。**依托于信任基础的策略，没有人建议你放弃事情的来龙去脉。
- [ ] **结合你的愿景建立一个与之相配套的媒体策略。**你需要确定面对公众你需要表达什么，表达的原因，何时进行表达以及表达的对象是谁，这些基本信息。
- [ ] **避免折中妥协的策略，这只会延迟冲突的爆发。**对此非常值得再多投入一些时间和精力来寻求一个可以持续产生作用的策略。
- [ ] **建立一个大愿景——一个所有人都可以接受的愿景。**让冲突涉及的各方都积极地参与到讨论过程中，并一同寻求一个所有人都可以接纳的方案。
- [ ] **将与愿景转化为一个方案。**一个成功有效的愿景过程会产生让人难忘的情景，当人们将彼此之间的兴趣做一连接的时候会最终产生服务于双方的新选择。

保持任务的完成状态

- [ ] **保留你创造的问题解决方案。**你可能需要它来对问题进行进一步的强化，并且可以作为模型来追踪未来可能发生的各种各样的分歧与冲突。

后续：不断超越

在户外学习带队可以使你更有能力在户外去带队。教授领导力，指导年轻的领队们是下一步的事情。在你的组织中带领一个部门或项目又是另一回事了，参与到环境问题等则是第三步。

显而易见，还有第四个选择，就是每次你环顾自己的社区，或打开晚间新闻时，可能与户外无关，但这是一个机会来承担领导角色。

良好的领导力在我们生活的各个层面都处于短缺状态。你的社区需要良好的领导才能对土地使用、教育、公共卫生和安全问题做出正确的决定。学校董事会和教师家庭联盟在孩子上学问题上需要好的领导来适应教育政策。公民组织需要良好的领导才能为公共利益服务。你的事业或职业需要良好的领导才能以公平的价格生产出可靠的产品和服务，并成为社区的支持者。你的家庭也需要良好的领导力，尤其是遇到一些艰难困境时。

当你在户外学习和练习领队时，随着你越来越顺手，你就更要抓住这些机会——因为你在各个领域需要的技能都大同小异。

当你提出申请一次带队后,实际工作量可能会比你想象的大很多,那就继续加油吧。当你已经完全适应并满足于一种类型的领导力挑战时,要做好准备迎接更困难的。

当你逐步扩大你的领导范围时,不要给自己设限,或认为自己的策略是安全的,因为你的想法很可能已经过时了。当你读到这里时,你已经使用和学习了这些领导力的模型,但更多的是一种来自心灵和头脑的,延伸了你的想象力和精神的东西,这些会挑战你同知识技能、愿景、直觉、幽默和凭感觉行事的能力等进行平衡。

教授和示范领导力,要求你要承担责任,不仅为了达到目标,而且关乎到你对他人生活的影响。